세계사 속 부의 대반전

The great reversal of wealth

세계사 속 부의 대반전

장진현 지음

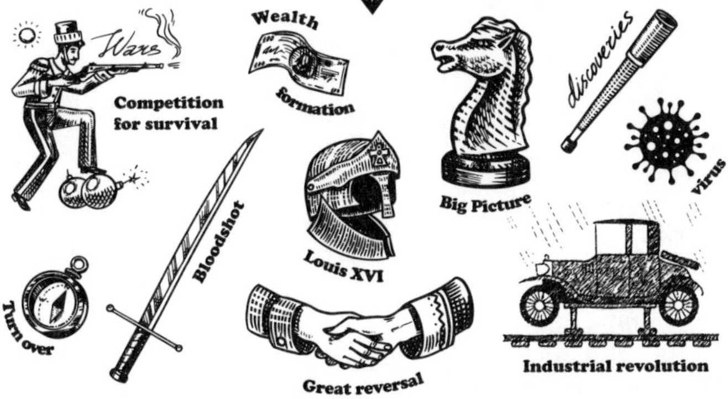

'부의 형성'을 둘러싼 21가지 핵심원리

스마트북스

세계사 속 부의 대반전

초판 인쇄 2021년 4월 13일
초판 발행 2021년 4월 20일

지은이 장진현
펴낸이 유해룡
펴낸곳 (주)스마트북스
출판등록 2010년 3월 5일 | 제2011-000044호
주소 서울시 마포구 월드컵북로 12길 20, 3층
편집전화 02)337-7800 | **영업전화** 02)337-7810 | **팩스** 02)337-7811
원고투고 www.smartbooks21.com/about/publication
홈페이지 www.smartbooks21.com

ISBN 979-11-90238-47-2 03320

'부의 대반전'도 결국 틈새에서 출발한다

-부의 대반전으로 바라보는 투자와 비즈니스-

2020~2021년 코로나19가 몰려오자 세계가 멈추다시피 했다. 역사는 반복된다. 역사를 거슬러 올라가 보면 1347년 유럽에 흑사병이 밀어닥치자 멀쩡한 물레방아가 그대로 멈추었다. 당시 많은 사람들은 그저 전염병에 쫓길 뿐 국가 경제 전체적으로 무슨 일이 어떻게 벌어지고 있는지 정확히 알지 못했다. 서양 중세 사회의 해체는 그렇게 시작되었다.

역사는 흔적을 남기며 흘러간다. 누군가는 그 흔적에서 교훈을 얻고, 또 누군가는 그것을 알지 못한다. 이는 부의 대반전이 일어나는 계기가 된다.

이 책을 쓰면서 느낀 점이 있다. 역사 속 대반전은 미세한 틈새에서 출발하고, 반복된다는 점이다. 은밀하게 다가와 폭력과 울림을 행사하고 사라진다. '거시적 시각'과 '미세한 틈새'가 중요한 이유이다.

거시적 시각과 미세한 틈새가 중요하다

이 책은 투자와 비즈니스를 '대반전'이라는 시각으로 바라본다. 역사 속 사건을 '거시'와 '틈새'의 시각에서 파헤친다. 아울러 대반전 상황을 통해 결국 웃게 된 자와 울게 된 자의 갈림길이 무엇이었는지를 거슬러 분석한다.

부의 대반전은 작은 간극에서 출발한다. 거대한 변화의 역사를 되짚어보면 여기가 부의 대반전의 출발점이구나, 하고 동공이 확 커지는 순간이 있다. 통찰력을 발휘하여 거기에 함축된 핵심을 읽어내야 한다. 밑바닥에 흐르는 핵심 기조와 그 틈새를 꿰뚫어보아야 하는 것이다.

"어제의 폭등은 과거의 미세한 전조가 작동한 결과이고, 오늘의 폭락은 어제 발생한 대반전의 패턴이구나!"

부의 대반전 시기에는 계층의 이탈과 상승이 동시에 발생한다. 결정적 순간에 바닥으로 추락한 슬픈 사연도 있고, 누군가는 아슬아슬하게 거대한 부를 움켜쥐는 사연도 있다. 그러나 결정적 영향을 미치는 것은 결국 '사건의 핵심을 아느냐 모르느냐'이다.

"인생이 이렇게 허탈하고 허무할 줄이야" 하고 우는 자의 시각에서 보면 그저 얼떨떨할지도 모르지만, 역사는 패턴을 만들고 반복한다.

인문학적 통찰을 가지고 사건의 전개를 따라가다 보면 그 본질을 깨달을 수 있을 것이다. 이 책을 읽으면서 독자들이 사물을 보는 눈과 투자에 대한 판단력이 확연히 달라지는 것을 느끼게 되기를 바란다.

거시적 흐름 속에서 보는 '부의 대반전' 현상

이 책은 '개인' 편, '기업과 국가' 편으로 분류하여 구성했다. 개인이라 해도 '기업과 국가' 편을 읽어야 한다. 경제 생태계를 조성하는 기업과 국가의 기능을 모르고 어떻게 비즈니스와 투자를 하겠는가.

이 책은 미시적인 투자기법을 말하지 않는다. 단지 부의 흐름과 '대반전'을 결정지었던 치명적 요건들을 상기시킨다. 역사학, 사회학, 심리학 및 경제학의 수많은 책들이 외형적인 현상에 집착하지만, 우리는 표피에 집착하지 않고 통합적인 시각으로 각각의 사건과 역사의 핵심을 보아야 한다. 거시적 흐름 속에서 '부의 대반전' 현상에 대해 정확히 이해한다면, 그것은 분명 투자의 큰 힘으로 작용할 것이다.

2021년 4월

장진현 드림

차례

1 Part 개인 편

Wars
Competition
for survival

2
Part

기업 및 국가 편

Industrial revolution

The great reversal of wealth

개인편

1
Part

합의가 기존 생태계의 파괴인 이유

합의는 '대반전'의 신호탄이다

역사적 합의에 대한 경제학자들과 사회학자들의 시각은 자주 극명하게 갈린다. 1985년 9월 22일 G5 경제선진국(미국, 영국, 프랑스, 서독, 일본)의 플라자 합의나 1990년 독일의 통일 과정에 대해서도 예외가 아니다. 사회학에서는 종종 국가 간 합의, 또는 사회적 합의를 '역사를 바꾼 합의'로 칭송하지만, 경제학은 다르다. '획책의 도발'이요, '부의 대반전'의 전조로 보는 경우가 많다. 둘의 시각이 왜 이렇게 극명하게 다를까? 바로 사회현상을 바라보는 렌즈의 차이 때문이다.

사회학자는 오목렌즈로 사회현상을 바라보고, 경제학자는 볼록렌즈로 바라본다. 오목렌즈는 거시적 시각으로 큰 그림을 축소시키고, 볼

록렌즈는 사건의 진상을 보여준다. 현대 역사의 주요 사건, 이를테면 1980년대 중반 플라자 합의, 1990년 독일의 통일 과정 및 이후 화폐개혁 사건을 들여다보자. 왜 국가 간 합의, 또는 사회적 합의가 도발이며, 특히 '부의 대반전'의 전조인지 알 수 있을 것이다.

화폐의 가치는 정책의 변수에 불과했다

20세기 초 미국은 엄청난 양의 채권을 발행하여 유럽에 갖다 팔았다. 광활한 국토를 연결하는 철도산업만 하더라도 거대한 규모의 자본이

1869년 미국 최초의 대륙횡단 철도의 완공 축하 모습.

필요했기 때문이다. 당시만 해도 유럽의 입장에서 보면 미국은 기업이나 국가 모두 쌓아놓은 자본이 별로 없는 '가난한' 국가였다.

"이제 또 시작이구나."

대륙횡단 열차 등 19세기 중반부터 이어진 여러 철도산업을 마무리한 후에 나오는 미국 금융조달 담당자의 푸념이었다. 철도산업을 어느 정도 완성시키고 나니 석유산업이 기다렸고, 석유산업이 어느 정도 됐다 싶으니 항공산업이 버티고 있었다.

광활한 영토와 이민자들로 가득한 거대한 미국은 "어떻게 자금을 마련할 것인가?"라는 연속적인 질문에 답해야 했다. 그리고 이것이 미국에서 금융시장이 발달한 이유 중 하나이기도 하다.

당시 미국 금융시장의 상황은 오늘날과는 매우 달랐다. 현재 세계 투자은행의 선두주자인 JP모건이나 골드만삭스를 떠올리면 오산이다. 그 무렵 미국에는 아직 자본이 부족했고, 유럽에 비해 금융시장의 발달은 미진했으며, 미국계 투자은행들은 투자기술이 별로 없었다. 기존의 유럽 은행과 유사한 전통적인 자금조달 방법으로는 턱없이 부족해서 자본을 유치하기 위해 무슨 일이든 하고자 했다.

결국 미국계 투자은행들은 미국 기업이 발행한 지분증서 혹은 회사채를 유럽의 자산가들에게 갖다 팔았다. 이미 형성되어 있던 유럽의 자본가, 즉 큰손을 노린 것이다. 당시 유럽에는 영국을 중심으로 19세기 초부터 시작된 산업화를 통해 많은 자금이 축적되어 있었기 때문이다.

그러면 유럽 자산가의 입장에서 당시 미국 기업이 발행한 채권의 투자 적합성을 살펴보자.

그 시절 유럽의 큰손들은 이렇게 생각했을 것이다.

"세계 10대 강국인 미국에서 발행된 채권인데 설마 문제가 있겠어?"

사람들은 흔히 채권을 확정된 부채로 여긴다. 채권을 발행할 때 '만기 회사채 3년물 금리 3%'와 같이 이미 갚아야 할 원금과 이자가 정해져 있기에 그렇게 여기는 것이다. 하지만 채권은 확정적 수익을 보장하는 상품이 아니며, 국가의 통화량 조절에 따라서 원금의 가치가 고무줄처럼 늘었다 줄었다 할 수 있다.

채권의 최대 위험은 바로 인플레이션 위험이다. 물가상승률이 높으면 원금과 이자의 가치가 현저히 훼손된다. 가장 신랄하고 참혹한 예 중 하나를 우리는 1920년대 독일 채권 투자자들에게서 엿볼 수 있다.

당시 독일 채권 투자자들은 1차 세계대전 이후 일어난 극심한 하이퍼인플레이션에 경악했다. 독일의 물가는 1921년 6월부터 1924년 1월까지 약 2년 7개월 동안 무려 10억 배가량 올랐다. 예를 들어 1921년 6월에 빵 한 덩이가 1마르크였다면 불과 2년 반 만에 무려 10억 마르크가 된 셈이었다. 한마디로 가지고 있던 돈이 모두 휴지조각이 되어버렸던 것이다. 이에 독일 정부는 결국 1924년에 화폐개혁을 단행하여 렌텐마르크(Retenmark)라는 새로운 화폐를 도입하고 화폐 발행량을 엄격히 통제했으며, 그제야 비로소 극심한 하이퍼인플레이션은 진정되기 시작했다.

그때 독일 국채 투자자들은 어떤 화폐도 안전성을 담보할 수 없다는 것을 깨달았을 것이다. 국가의 통화정책이 실패하면 내 통장의 예금이

1차 세계대전 이후 독일은 극심한 하이퍼인플레이션을 겪었다. 당시 아이들이 휴지조각이 된 지폐로 블록 쌓기를 하는 모습.

결국 휴지조각이 될 수도 있다. 만약 어떤 투자자가 1921년 초에 독일의 3년 만기 국채에 10억 마르크를 투자했다면, 2년 반 만에 물가가 무려 10억 배나 급등했기에 투자금의 실질가치는 1마르크로 떨어졌을 것이다.

안타까운 것은 이 과정에서 투자자들의 삶 전체가 큰 타격을 입을 수 있다는 점이다. 미국의 경제학자이자 근대 경제이론의 개척자로 불리는 어빙 피셔(Irving Fisher, 1867~1947)는 이렇게 말한 바 있다.

"사람들은 일반적으로 화폐나 채권의 명목가치에 집착하지만, 명목가치는 결국 통화량에 좌우되는 변수에 불과하다."

우리는 은행 예금이나 채권을 확정된 수익으로 보는 우를 종종 범한다. 국가의 통화정책에 따른 화폐가치 하락의 폭력성을 실질적으로 인식하지 못하기 때문이다. 즉 은행의 내 돈이 무조건 안전하다고 생각하는 것이다. 1억 원을 10년 동안 예금해두면 매년 이자까지 받을 수 있다고 말이다.

그러나 이는 내 통장에 든 돈, 내가 산 10년 만기 채권의 실질가치가 계속 떨어질 수도 있다는 사실을 간과한 것이다. 화폐의 액면가나 내 통장에 든 예금액, 채권의 원금 등 명목가치는 어느 정도 고정되어 있으므로 이런 착각에 빠지기 쉽다. 하지만 우리가 흔히 쓰는 화폐는 물가상승률에 따라 실질가치가 끊임없이 하락하고 있으며, 반면 상품이나 부동산 등의 명목가치는 증가하고 있다.

화폐가치를 둘러싼 각국 정부들의 조치들에 대해 더 생각해보자. 먼저 국가의 부채가 100이라고 가정해보자. 국가가 통화량을 급격하게 늘려서 인플레이션을 일으키면 자산의 명목가치가 오른다. 5억 원이었던 아파트가 10억 원으로 오르게 되며, 이러한 자산가치의 상승은 화폐가치의 하락으로 나타난다. 결국 화폐가치는 각국 정부의 통화정책에 달려 있는 것이다.

2008년의 금융위기나 2020년 코로나19 사태 같은 극심한 경기침체가 닥치면, 정부는 기업과 개인에게 돈을 마구 풀어 경기 방어에 나선다. 이것이 반복되면 화폐의 실질가치는 계속 떨어질 수밖에 없다. 중요한 것은 통화량 증가를 통한 화폐가치 하락은 결국 채권가격 하락으로 이어진다는 점이다.

현재 국가 채무가 100인데 통화량을 늘려버리면 화폐가치가 떨어져 그 채무의 실질가치는 80으로 떨어질 수도 있다. 국가의 의사결정으로 그렇게 할 수 있다면 과연 국가 채무는 확정부채인가, 변동부채인가? 결국 국가 채무도 변동부채라고 할 수 있을 것이다. 그리고 국가의 이러한 합의, 즉 통화량을 늘리는 합의는 긍정적이든 부정적이든 '부의 대반전'을 가져오는 계기가 되기도 한다.

인도는 오랜 기간 영국의 지배 아래 있었다. 18~19세기의 식민지 인도는 극소수의 부자와 대다수의 극빈자가 공존하며 양극화의 극단을 달렸다. 당시 인도 부자들은 자국에 투자를 거의 하지 않았고, 연 4%의 확정수익을 지급하는 영국의 콘솔 공채(Consols, 1751년 각종 공채를 정리해서 만든 일종의 연금공채)를 많이 매수했다. 그리고 이것은 20세기가 될 때까지는 인도의 투자자들을 결코 실망시키지 않았다.

하지만 20세기에 들어서자 상황은 급변했다. 19세기 세계 경제의 우등생이었던 영국은 20세기에 들어서면서 1위의 자리를 내려놓고 추락하게 되었다. 1차 세계대전과 이어진 2차 세계대전으로 경제가 타격을 받았고, 이에 따라 파운드화의 구매력이 급격하게 떨어졌다. 한편 유럽이 두 차례의 전쟁으로 타격을 입는 동안 미국이 약진했으며 영국은 더 이상 1위의 자리를 지킬 수 없었다.

20세기 초까지만 해도 영국의 파운드화, 미국의 달러화 등은 금과 연동되어 있어서 중앙은행은 보유한 금만큼 돈을 찍었다(금본위제). 또한 은행에 돈을 들고 가면 금으로 바꿀 수 있었다(금태환제). 하지만 1931년에 영국이 금본위제를 중지시켰고, 1933년에는 미국도 화폐를

금으로 바꾸어주는 금태환제를 중지시켰다. 막대한 통화량이 필요해지자 기존 금 중심의 금본위제와 금태환제를 중지시킨 것이다. 이로써 기존의 금본위제 경제가 무너져버렸다.

이제 투자자들은 화폐의 액면가는 종이에 새겨진 숫자에 불과하며, 인플레이션에 의해 그 실질가치는 언제든 폭락할 수 있다는 것을 깨닫게 된다.

앞에서 살펴보았듯 우리는 채권을 종종 확정된 수익으로 여기지만 그것은 위험한 생각이다. 어빙 피셔는 경제학의 수학적 방법론을 통해 화폐수량 이론과 거시경제의 관련성을 연구한 끝에, 채권투자보다 주식투자를 강력하게 옹호한 바 있다.

합의된 폭등, 축배인가 독배인가?

1980년대에 레이건 대통령의 감세정책과 군비지출 증가로 미국의 재정적자는 큰 폭으로 늘어났다. 게다가 두 차례에 걸친 오일쇼크(1차 오일쇼크 1973~1974, 2차 오일쇼크 1979~1981)로 인한 스태그플레이션(경기침체 상황에서의 고물가)을 잡기 위해 고금리 정책을 실시했다. 이에 따라 미국 기업은 이자 부담이 늘어난 데다가 달러 가치 강세로 수출경쟁력이 매우 약화되었고, 미국의 경상수지 적자 폭은 갈수록 커졌다.

1985년 9월 22일, 뉴욕의 플라자호텔에서 선진 5개국(미국 · 영국 · 프랑스 · 서독 · 일본)의 재무장관들이 만나 눈덩이처럼 적자가 늘어나는 상황에 대한 조치에 합의했다. 이 플라자 합의의 핵심 내용은 달러 가치를 낮추고(약세), 일본 엔화와 독일 마르크화의 가치를 높이기로(강세) 한 것이다. 이것은 기존의 경제 생태계를 실질적으로 해체하는 결과를 가져왔다.

당시 합의에 따라 일본과 독일 정부는 시장에 개입하여 거침없이 달러를 매도하기 시작했고, 그로 인해 달러 가치는 떨어지고 엔화와 마르크화의 가치는 상승했다. 일본은 1985년 12월 중 단 10일 동안 무려 20억 달러(우리 돈 약 2조 3,000억 원)를 집중적으로 매도했는데, 그 결과 1985년 9월 무렵 1달러에 240엔이던 환율은 그해 말에는 200엔 6전까지 급속도로 하락한다. 단 몇 개월 만에 엔화 가치가 20%나 상승한 것이다.

플라자 합의 이후 엔화 가치는 2년 만에 67%나 올랐고, 약 3년이 지난 1988년에는 1달러당 128엔으로 1985년 대비 거의 2배 가까이 올랐다. 정도의 차이는 있지만 독일 마르크화도 마찬가지였다. 일본과 독일의 화폐가치가 오르면서 이들 국가의 국채가격도 급등했다.

이처럼 국가 간 합의가 만들어낸 폭력성은 한 줄로 표현할 수 있다.

"사회적 현상은 국가적 합의를 만들어내고, 결국 사회적 합의는 자산의 폭등으로 수렴하더라."

이것이 경제학자와 사회학자가 국가 간 합의, 사회적 합의에 대한 의견을 달리하는 이유일 것이다.

2021년 현재 일본의 가장 중대한 문제는 무엇일까? 학자와 전문가들은 이구동성으로 지나친 국가부채라고 말한다. 현재 일본의 국가부채는 GNP(국내총생산)의 약 2.5배로, 인구가 3배에 달하는 유로존 17개국의 합계와 비슷할 정도로 많다. 그런데도 일본이 붕괴되거나 채무불이행 상태에 빠지지 않는 이유는 무엇일까?

첫째, 대부분의 국채를 외국 채권자가 아니라 일본 국민과 기업, 즉 공기업인 연기금과 국내은행이 보유하고 있기 때문이다. 이들은 정부에 빚을 빨리 상환하라는 압력을 가하지 않는 만만한 경제주체들이다. 일본 정부의 입장에서는 깊이 안도할 수 있는 상황일 것이다.

둘째, 정부정책에 의해 이자율이 항상 낮게 유지되고 있다. 투자자들은 일본 정부의 국채 상환능력을 조금도 의심하지 않는다. 엔화의 강세로 일본 채권의 가치가 높아졌던 과거의 경험이 있기 때문이다.

일본 국민의 자국에서 발행되는 채권에 대한 사랑은 널리 알려져 있는데, 여기에는 여러 이유가 있지만 그 연원을 따지고 올라가보면 1980년대의 엔화 강세 현상에 뿌리를 둔 바 크다.

일본은 1986년부터는 급격한 엔고로 인한 경제적 피해를 최소화하기 위해 통화량을 증가시키는 정책도 병행했다. 일본의 통화량은 1987년부터 3년 동안 전년 대비 10% 이상씩 증가했다. 하지만 동일한 기간 동안 도매물가지수는 낮았고, 소비자물가지수는 완만한 상승에 그친 것으로 나타난다. 엔화 강세로 원자재, 각종 소비품 등 수입가격이 떨어져 물가가 안정되었던 것이다.

예전에 일본 국민들이 독일 벤츠를 사려면 1천만 엔이 필요했지만 이제는 그보다 훨씬 더 적은 돈으로도 살 수 있었다. 엔화 강세 효과로 당시의 일본 사람들은 너도 나도 벤츠를 사들였고 페라리, 포르쉐 등 스포츠카의 인기도 높았다.

일본의 통화량이 늘어나면서 주식시장과 부동산 가격도 급등했다. 니케이지수는 1985년 1만 2,556엔에서 1989년 말에는 3만 4,042엔을 찍으며 대략 2.5배 폭등했다.

당시 일본 주식시장의 거품이 얼마나 심했는지는 1988년 기업 시가총액 기준 '세계 10위 기업' 중 무려 8개가 일본 기업이고, 20위권 기업 중 15개를 차지할 정도였다는 것에서도 알 수 있다. 또한 일본 통신업체 NTT가 세계 시총 1위로서 미국의 IBM이나 세계적 석유회사 엑슨보다 우위에 있었고, 고작 일본 간토 지방과 일부 시와 현에 전력공급을 하는 도쿄전력이 세계 시총 7위 기업으로 영국의 세계적인 에너지 기업인 로열더치셸(Royal Dutch-Shell)보다 순위가 높을 정도로 거품이 대단했다. 아울러 6대 도시의 토지 가격지수는 1985년 35.1에서 1990년 105.1까지 대략 3배 폭등한다. 일본 황궁 주변의 부동산 가격으로 미국 캘리포니아 전체를 살 수 있을 정도였다.

그렇다면 1980년대 중후반 일본의 주식시장과 지가는 왜 이렇게 폭등했을까?

환율 하락(화폐 강세)은 두 가지를 동반한다. 먼저 그 나라의 기업과 가계가 가진 자산가격이 상승하게 된다. A라는 사람이 일본 국채와 미국 국채를 각각 보유하고 있다고 가정해보자. 엔/달러 환율이 50% 떨어지면(엔화가 50% 강세가 되면), 예전에 2천만 엔으로 10만 달러를 바꾸던 것이 이제는 1천만 엔으로 10만 달러를 바꿀 수 있게 된다. 글로

벌 시각으로 바라보면, 가계와 기업이 자산 재평가로 대박을 맞은 것과 다름없다. 자산은 그대로인데, 평가의 잣대가 바뀌니 주식과 토지의 가격이 상승하는 현상으로 나타나는 것이다.

또한 환율 하락(화폐 강세)은 경기상승을 가속화한다. 인구가 약 1억 3천만 명인 일본은 내수시장이 경제에서 큰 비중을 차지하는 편이다. 주식이나 부동산 등 자산가격이 급등하면, 기업의 투자가 늘어나고 개인의 소비성향이 높아지며 소비지출이 커진다. 당시의 일본도 마찬가지였다. 1985년에 309만 대였던 신규 등록 승용차는 1990년대에 500만 대를 넘어섰으며, 가전 · 가구 등 내구 소비재에서도 대형 고가제품의 수요가 크게 증가했고, 편의점이 대폭 늘어나고 택배사업도 급속하게 발전한다.

일본 사람들은 소비가 살아나자 환호성을 질렀다. 소비는 경제의 핵심지표이자, 경제 주체들의 걱정과 근심의 영역을 축소시키는 일등 공신이다. 은행 거래를 하는 사람들도 신이 났다. 예금통장의 명목가치는 동일했지만 엔화의 실질가치가 상승했기 때문이다. 예전에는 해외여행을 하는 데 50만 엔이 필요했다면, 엔화 가치 상승으로 이제는 30만 엔으로도 충분했다. 한 주당 100달러짜리 미국 주식도, 캘리포니아 해변가의 10만 달러짜리 미국 주택도 더 적은 엔화로 살 수 있었다.

기업들은 기업가치를 자산가격 상승에 따른 이익의 증가로 포장했다. 각종 재무비율과 수익률이 동일하더라도, 기업이 가진 부동산이나 주식 등 자산가격이 상승함으로써 이익의 절대값은 증가한 것으로 나타났던 것이다. 이것은 기업들이 가진 문제의 본질을 희석시키고 눈을 가려, 기업의 가치와 성장성에 대한 날카로운 해석을 가로막았다.

한편 엔화 강세(환율 하락)가 되면 수입가격은 낮아지고 수출가격은 높아지는 '환율 전환 효과'가 발생하여 수출경쟁력이 떨어지게 된다. 따라서 수출기업은 상품의 품질을 높이든지, 또는 원가를 획기적으로 낮출 수 있는 방법을 모색하는 등 경쟁력을 강화하는 방법을 찾아야 한다. 그러한 경쟁력 신장이 동반되지 않는다면 수출가격의 상승은 수출 감소로 이어져 큰 타격을 가져온다. 그럼에도 일본 정부와 기업들은 환율과 관련된 세밀한 대책을 수립하지 않았다. 오히려 기업들은 자산가격이 오르자 재테크에 혈안이 되어버렸다. 장기적 이득을 도모하기보다는 단기적 수익성에 매몰되어 경쟁력 신장을 도외시한 것이다.

당시 일본 기업들은 부동산 투자에 본격적으로 뛰어들었다. 지가상승은 토지의 투기적 매매를 불러왔고, 투기의 성행은 도시의 토지가격을 폭등시켰다. 도쿄의 경우 지가가 10배 이상 상승하는 지역도 속출했다.

금융기관에서 대출을 받아 토지와 집을 구입한 뒤 이를 되팔아 차익을 취하는 이른바 '토지 굴리기' 행위도 빈발했다. 은행 입장에서 보면, 지가가 상승하면 담보가치가 올라서 추가 대출의 여지가 증가하며, 대출금액이 증가하면 다시 지가가 상승하는 악순환이 반복된다. 그런데도 일본의 고위 공무원들은 "드디어 미국의 항복을 받아냈다"라며 호들갑을 떨었다.

일본 정부도 그저 앵무새 노릇만 했다. '환율의 저주', 다시 말해 엔화 강세가 가져온 주식 · 부동산 가격 급등과 이에 따른 우려를 경고하는 기록물은 보이지 않는다. 일본의 '잃어버린 20년'은 여기에서부터 비롯된 것이다.

이후 일본 정부와 중앙은행은 주식 및 부동산 등 자산가격이 끝없이 오르고 경기가 과열되자, 1989년 기준금리를 6%까지 빠르게 인상했다. 그리고 1990년 거품이 꺼지면서 일본 부동산과 주식시장은 급격히 추락하기 시작했다. 6개 도시 가격지수(6개 도시 시가지의 3월 말 가격지수)는 1985년 35.1에서 1990년 105.1로 폭등했지만, 1995년에는 다시 51.4로 순식간에 폭락했다. 니케이225 주가지수도 1985년 12,556에서 1990년 29,474로 급등했다가 1995년에는 17,355로 폭락했다. 대출을 일으켜 주식과 부동산의 '상투'를 잡은 투자자들은 버블 붕괴로 지독한 아픔을 겪었다.

그러나 '부의 대반전' 시기에 이처럼 어두운 면만 있는 것은 아니다. 당시 거품이 꺼지면서 신문이나 방송에서 투자자들이 아우성을 치던 일본에서도 조용히 큰돈을 벌어들인 사람들이 있었다.

1980년 중후반 플라자 합의 이후 엔화 강세 시기, 사람들이 주식시장과 부동산 시장에 미친 듯이 달려가 거품을 키우고 있었을 때, 세계 경제 및 일본 경제의 흐름, 환율의 특성을 알고 투자 기회를 포착한 극소수의 사람들이 있었다. 당시 '엔고(엔화 강세)'를 지렛대 삼아 해외 부동산과 기업에 투자한 사람들은 이른바 '대박'을 맞았다. 엔화 강세가 되면 해외자산의 가격이 낮아지는 효과가 발생하기 때문이다. 이들은 엔화 강세기에 뉴욕의 빌딩을 더 적은 엔화로 살 수 있었던 것이다.

"기회는 바로 이때다."

당시 일부 일본 기업들은 미국 등 해외로 몰려가 주식이나 부동산을 사들였으며, 이때 컬럼비아 픽처스, 유니버설 픽처스 같은 미국 기업들이 일본 기업에 인수되었고, 뉴욕의 엠파이어 스테이트 빌딩 등 세계적으로 유명한 부동산들도 일본 기업의 손아귀에 들어갔다.

환율은 그야말로 요술 방망이 같았다. 고작 3년 정도 만에 2배나 오른 엔화 강세로 일본의 입장에서는 뉴욕 빌딩의 가격이 반토막이 된 셈이었기 때문이다.

투자의 역사를 알면 이처럼 국가 간 합의의 실상이 그대로 드러난다. 환율에 대한 국가 간 합의는 종종 경제 생태계를 교란시키는 독약이 되었던 것이다.

독일 통일과 화폐개혁의 비밀

1990년 독일의 통일 과정에서도 역사를 바꾼 국가적 합의가 비슷하게 반복된다. 어떤 이는 폭등을 경험하고, 또 다른 이는 폭락으로 눈물을 흘렸다. 이런 일은 역사 속에서 공공연하게 발생해왔으며, 우리가 역사와 경제의 원리를 알아야 하는 이유이기도 하다.

1989년 11월 9일, 28년 동안 건재했던 독일의 베를린 장벽이 순식간에 붕괴되었다. 그때까지 서독과 동독은 독립된 경제 생태계를 유지하고 있었는데, 이는 일순간에 무시되고 급기야 1990년 7월 정치적 합의를 통해 동독과 서독의 마르크 대 마르크의 교환비율, 즉 환율을 1대 1로 결정한다. 당시 둘의 실질적 경제력은 대략 9배나 차이가 났는데도 말이다.

동독 기업과 가계는 통일의 환희에 벅차올랐다.

"와, 역사적 합의가 준 선물이다."

하지만 안타깝게도 이러한 국가적 합의는 수많은 실업자를 양산하게 되고 구 동독 지역의 경제를 흔들리게 만들게 된다.

1990년 통일 독일은 동독의 국영 기업체를 매각하기 위해 독일신탁청(Treuhandanstalt, THA)을 신설했으며, 그해 7월 1일 독일신탁청은 산하의 모든 동독 기업을 주식회사로 변경한다.

독일신탁청은 동독에 소재한 수많은 기업의 지주회사와 다름없었다. 45,000개의 공장을 소유한 7,894개의 인민 소유 기업의 주식을 위탁받아 일거에 거대한 기업군으로 올라섰으며, 410만 명의 종사자가 일하는 거대 기업군으로서 동독 전체 일자리의 40% 이상을 제공하는 거대한 조직이 되었다. 이들 기업의 총 재무적 가치는 6,000억 마르크에 달했다.

동독 국영기업체들은 순조롭게 매각되었을까? 여러분이라면 어떤 기업을 사고 싶은가? 동독의 부동산을 잔뜩 소유한 기업, 아니면 핵심기술을 소유한 알짜기업을 떠올릴 것이다. 결과는 어떻게 되었을까?

1989년 12월 21일 크레인이 베를린 장벽의 일부를 제거하는 모습.

자본주의 사회인 서독의 기업들은 철저히 미래의 이윤 창출 능력에 집중했고, 따라서 사업의 모델과 순환구조가 기업의 핵심이라는 사실을 잘 알고 있었다. 하지만 동독 기업들은 '기업 행위'에 대한 개념 자체가 없었다. 그렇다 보니 동독의 국영기업들을 매각하여 손에 쥔 금액이 고작 666억 마르크에 불과했다. 초기 기업가치가 6,000억 마르크였던 것에 비하면 9분의 1의 가격이다. 거대한 음모를 떠올릴 수밖에 없다. 그렇다면 그 음모의 주체는 누구일까?

환율은 현재 자산가치의 교환비율이자 경쟁력의 균형점을 보여준다. 그러므로 환율에는 대체로 한 나라의 경쟁력이 드러난다. 통일 당시 동독과 서독의 실질적 경제력은 앞에서 말했듯이 9배 정도 차이가 났다. 그런데 동독과 서독의 마르크 대 마르크의 교환비율을 1대 1로

정했으니, 기술 및 품질 경쟁력이 떨어지는 동독 기업은 가격경쟁력을 갖출 수 없었다. 또한 동독의 거대한 기업군의 경우 재무제표상에 자산이 건재했지만 이는 이익 창출 능력과는 상관이 없었으므로, 자산의 상각(償却) 처리가 불가피했다.

결국 동독 기업들은 환율 1대 1 통합으로 전멸하다시피 했고, 이에 따라 동독 지역은 통일 직후에 실업률이 급등하고 복지기금이 고갈되는 재정적 결핍을 경험하게 된다. '역사적 합의'가 만들어낸 기가 막힌 결과가 아닐 수 없다. 경제 생태계의 통합은 점진적 결합이 핵심인데, 화폐의 무조건적인 1대 1 균등 통합은 그야말로 말도 안 되는 일이었던 것이다.

그러나 이때도 '부의 대반전' 기회를 포착한 이들이 있었다.

1989년 11월, 베를린 장벽이 붕괴되고 통일이 시작되었을 초기부터 일부 투자자들은 재빠르게 동독 화폐에 투자했다. 통일은 정치적 행위이므로, 동독의 마르크화 가치를 실제보다 높게 평가할 것으로 일찌감치 예측했던 것이다. 그리고 이들의 예상대로 이듬해인 1990년 7월 마르크화가 1대 1로 통일되었고, 발빠르게 동독 화폐에 투자한 사람들은 큰 차익을 얻었다.

당시 동독과 서독의 실질 경쟁력 차이는 대략 1대 9 정도였는데, 교환비율이 1대 1로 확정되었으므로, 이론적으로 동독 마르크화의 가치가 9배 높게 평가된 것이고, 독일 마르크화에 투자한 이들은 9배의 차익을 올린 것이다.

이를테면 한국과 북한의 경제규모가 약 50배 차이가 난다면, 매우 거칠게 말해 화폐가치의 차이도 수십 배인 셈이다. 한국의 1만 원이 북한에서는 수만 원, 수십만 원의 가치를 가질 수도 있다는 것이다(물론 한국과 북한의 화폐 원 단위는 다르지만, 쉽게 설명하기 위해 같다는 것을 전제하고 설명한다). 그런데 한국의 1만 원과 북한의 1만 원을 똑같이 1대 1로 교환해준다면, 북한 돈을 가지고 있는 사람들은 엄청난 이득을 얻게 되는 셈이다. 1990년 7월 동독과 서독의 마르크화 통일은 바로 이런 결과를 가져온 것이다.

동독 마르크화 투자자들은 통일이 임박하자 통일과정에서 동독 마르크화의 가치가 이처럼 '부풀려'질 것이라는 점에 승부수를 던져 투자했고, 결과적으로 엄청난 이익을 얻었다. 하지만 이러한 부풀리기는 장기적으로 결국 정상을 찾아가게 마련이다. 이들은 통일 후에는 두 화폐의 가치가 정상적 수준으로 '수렴될' 것이라는 점에 다시 승부수를 걸었다. 그러므로 이론적으로는 이러한 방식의 투자를 통해 투자자들이 18배, 또는 그 이상의 차익을 올리는 것도 가능했다는 이야기가 된다.

이와 같이 경제적 현상에 대한 국가 간, 또는 사회적 합의는 엄청난 결과를 가져오며 그 여파는 매우 폭력적이기까지 하다. 통일 독일의 경우 합의를 통해 환율을 1대 1 교환비율로 결정한 결과, 통일비용이 결국 몇 배로 급증했다.

경제가 통합될 때, 환율은 누적자산의 평가기준임에도 불구하고, 외형적 사회적 합의에 의해 실상이 가려진 것이다. 이로써 우리는 다음의 사실을 다시 한번 확인할 수 있다.

한편 인위적으로 화폐 단위를 바꾸는 리디노미네이션(Redenomination)의 경우 비상식적인 일이 벌어진다. 리디노미네이션은 화폐의 액면 단위를 10분의 1 혹은 100분의 1과 같이 조정하는 것을 말한다. 100분의 1을 적용한다면 1,000원이 10원이 된다.

역사적으로 우리나라에서는 단순히 화폐의 액면 단위만 바꾸지 않고, 화폐개혁이라는 명목으로 여러 조치들이 통합 · 시행되었다. 1953년에는 거액의 군사비 지출 등으로 인플레이션 압력이 커지자 선제적 차원에서 화폐개혁이 단행되었다. 한국전쟁으로 인해 대외적으로 통화가치가 폭락할 기미가 있자 기습적으로 단행된 것이었다. 이때 화폐의 액면 단위를 100대 1로 절하하고 화폐 단위를 '원'에서 '환'으로 변경하는 조치를 시행한다.

1962년에는 지하자금 추적을 통해 경제개발에 필요한 투자자금을 마련하고자 화폐개혁을 시행했다. 시중의 과잉통화량을 대대적으로 흡수하여 인플레이션 요인을 사전에 제거하려는 목적도 있었다. 이 조치로 화폐 액면 단위를 10분의 1로 조정한 새로운 '원' 표시 화폐 단위가 등장하게 된다.

우리는 리디노미네이션 조치가 일으키는 착각과 왜곡 현상을 주목해야 한다. 원칙적으로 리디노미네이션은 화폐의 액면 단위를 10분의 1 혹은 100분의 1로 낮추는 것이지만, 효과는 그것으로 그치지 않는다. 리디노미네이션을 통해 화폐 단위에서 쓸데없는 0들을 줄이면 분명 편의성이 증진되기는 한다. 하지만 균형점의 붕괴에 따른 불균형적 현상이 속출하며, 어떤 자산은 이유 없이 폭등한다.

한국에서 당장 100분의 1로 화폐개혁을 하면 무슨 일이 벌어질까? 기존의 1,000원은 10원이 되고, 100억 원은 1억 원이 된다. 많은 사람이 자산가격도 숫자 비율대로 낮아질 것이라고 생각한다. 단순히 10억 원짜리 아파트가 1000만 원이 되는 것뿐이라고 말이다. 하지만 과학적 가격 조정은 허구이다.

만약 100분의 1로 화폐개혁을 단행하면서 화폐 수량을 연간 10%씩 증가시키면 부동산 가격이 상승할 것이다. 게다가 화폐개혁으로 평당 4,000만 원이 평당 40만 원이 되었으므로 숫자 착시에 의해 부동산 가격의 상승속도는 더 가팔라질 수밖에 없다. 화폐개혁 후 평당 40만 원에서 50만 원으로 오를 경우 고작 10만 원만 올랐다는 착시를 일으켜 부동산 가격 상승이 더욱 커질 수 있는 것이다. 인간의 두뇌는 과학적이지 않으며, 이러한 착오와 왜곡은 급등과 급락을 만들어낼 수 있다.

화폐개혁을 통해 자산의 순위가 역전된 사례는 수없이 많다. 환율 조정을 통한 자산 재평가, 경제 통합과정에서 획책된 음모도 이루 말할 수 없을 만큼 많다. 그 과정에서 부의 지도는 새롭게 바뀌고 '대반전'의 폭등과 폭락이 이루어졌던 것이다.

이번에는 고층빌딩 관련 자금조달 사례를 통해 사회적 합의가 어떻게 경제 생태계를 교란시키는지 살펴보자.

맨해튼 마천루의 몰락

1910년대에서 1920년대에 걸쳐 미국 맨해튼 마천루 빌딩의 자금조달 과정에도 거대한 획책이 이루어졌다.

1909년 시카고에 있는 스트라우스앤코(S. W. Straus & Co) 사는 정교하게 개발한 마천루 채권을 발행했다. 단일 건물을 담보로 한 분할 채권을 처음으로 발행함으로써 빌딩 투자를 채권 형식으로 활성화한 것이다.

이후 1910~1920년대에 미국 부동산 개발업자들은 뉴욕의 맨해튼에 마천루를 짓기 위해 주식회사를 설립하고, 건축자금 중 상당 부분을 금융기관 등으로부터 대출을 받아 시공한 후, 채권을 발행하여 모은 자금으로 그 대출금을 갚았다. 즉, 1천 달러 같은 비교적 소액의 채권을 발행하여 개인투자자들로부터 자금을 조달하여 마천루 건설을 위해 얻었던 대출금을 상환했다. 그리고 이제 그 자리를 채권 발행자금이 대신하게 되었다. 새로운 금융상품이 등장한 것이다.

1920년대, 뉴욕에서는 놀라운 일이 벌어지고 있었다. 주식시장에 투자하기를 겁내던 투자자들이 조금씩 발을 빼기 시작하면서, 주식시장을 빠져나온 돈이 마천루 빌딩의 담보로, 혹은 마천루 소액채권으로 몰려들었다. 주식투자를 망설이던 이들에게 마천루 소액채권은 획기적인 대체상품이었다. 외형적으로 보면, 우람한 마천루와 거기서 생기는 확실한 임대료는 채권의 안정성을 견고하게 떠받쳐주는 듯했다. 채권의 이자는 통장에 정확하게 들어왔다. 마천루를 담보로 발행된 채권은 견고성 · 안정성 · 심미성이 조화롭게 결합된 아름다운 예술품처럼 보였다.

뉴욕 맨해튼에 웅장하게 건설된 마천루들은 이렇게 소액채권을 통한 조달자금으로 우뚝 서게 된다. 개인투자자들의 소액채권이 맨해튼 마천루의 작은 벽돌과 철골조의 강철이 된 꼴이다.

중앙은행을 단단하고 거대한 대리석으로 짓는 이유를 아는가. 그것은 견고함을 외형적으로 내보이기 위한 것이다. 우러러볼 수밖에 없는 중세의 뾰족한 고딕 양식의 교회나 성당과 동일한 원리이다.

매우 이색적이었던 이러한 자금조달 방법이 선풍적 인기를 끌면서,

뉴욕 맨해튼의 엠파이어 스테이트 빌딩을 위시한 마천루 빌딩들. 1920년대 획기적인 마천루 소액채권은 소액 투자자들의 인기 상품으로 떠올랐다.

뉴욕의 마천루 시장에는 개인의 막대한 자금이 쏟아져 들어왔다. 거대한 신규자금이 유입되었고, 안정성이 검증되면서 그러한 투입은 더욱 가속화되었다.

당시 마천루 부동산을 담보로 투자은행들이 발행한 신형 히트 채권은 1천 건 이상이었다. 발행 액면 총액도 어마어마한 규모였다. 1922년부터 1931년 사이에 뉴욕에 건설된 높이 60미터 이상 건물의 수는 어느 시기보다 많았다. 1925년에는 국가의 세수 확보 금액 중에서 8분의 1이 건축 관련 업종에서 나올 정도였다.

이처럼 1910년대에서 1920년대 사이에 미국 뉴욕에 수없이 많은 빌딩이 건설될 수 있었던 요인은 무엇일까?

많은 사람들이 엘리베이터의 발명, 철골 건축기술의 발달, 그리고 특정 위치에 조밀하게 밀집할 수 있는 도시공학 등 기술적 요인을 거론한다. 하지만 채권 발행을 통한 막대한 신규자금 또한 공급 확대에 결정적 역할을 미쳤다.

한 번의 행위는 흔적을 거의 남기지 않지만, 반복되면 그것은 패턴이 되고, 자금 공급원으로 검증되면 관련 자산가격이 오르게 된다. 예를 들어 서울 아파트 시장에 외국인들의 구매자금이 들어오면 수요가 증가하여 아파트 가격이 상승하는 요인이 되는 것처럼 말이다. 마찬가지로 당시 미국 뉴욕에서 채권을 발행하여 빌딩 건설자금을 조달하자, 이는 가격이 상승하는 요인이 되었다.

개발업자들과 투자자들은 마천루 빌딩을 팔면 언제든지 자금을 상환할 수 있고, 채권의 이자는 임대를 통해 24시간 벌어들이고 있다고 장담했다. 그런데 이것이 결정적 흠으로 작용한다.

"결국 마천루 빌딩의 견고성이 우리를 속이는구나."

투자금액의 증가는 가격 상승을 불러오지만, 한계점에 수렴하면 더 이상 가격은 오르지 못하고 하락하기까지 한다. 소액으로 마천루 빌딩을 가질 수 있는 기회는 분명 시장이 확대된 것이라고 할 수 있지만 투자자들이 몰리자 결국 채권의 이자는 하락했고, 마천루가 우후죽순 들어서자 건물이 남아도는 상황으로까지 치닫게 된다.

이제 시장은 폭군으로 돌변한다. 마천루들이 계속 증가하자 임차인을 구하기 위한 경쟁은 치열해지고, 임대료는 추락할 수밖에 없었다. 1926년 8월 6일에는 어이없는 일이 벌어졌다. '571 파크 애비뉴 사'가 빌딩을 담보로 채권을 성공적으로 발행했는데도 대출금을 상환하지 못하는 일이 발생한 것이다. 채권 발행자금으로 대출금을 상환하지 않고 다른 용도로 사용했던 이 회사는 결국 파산을 선언하고 역사 속으로 사라졌다.

투자의 역사는 다시 묻는다. 사람들은 정부나 우량기업이 발행한 채권, 통일에 따른 화폐개혁, 부동산 담보채권을 모두 확실한 투자 수단이라고 주장했다. 하지만 역사가 보여주는 실체는 어떠했는가?

정부나 기업이 발행한 채권은 확정부채가 아니다. 통화량의 증가에 따라 변하는 변동부채로 봐야 한다.

두 국가의 통일은 공동체의 실체적 통합임에도 불구하고 대부분 경제적 세밀성이 간과되곤 한다. 이런 점에서 국가 간, 또는 사회적 합의는 새로운 불균형의 전조라고 해석해야 한다. 또한 '대통합' 시기에는

'부의 대반전'이 종종 발생한다. 만일 지금 대한민국과 북한이 통일된다면 어떤 일이 벌어질까. 통일 과정은 독일의 통일과 유사할 가능성이 높다. 가정적 애기이니 비판은 유보하자. 투자자 입장에서 핵심은 경제 생태계가 크게 바뀐다는 점이다.

현대는 합의의 시대이다. 경제주체별로 합의의 형태는 실로 다양하다. 우리는 정부의 정책도 하나의 사회적 합의로 해석해야 하며, 사회적 합의는 자연스럽게 경제 생태계를 교란시킨다. 이처럼 '대반전'과 '불균형'의 전조라는 측면에서 국가 간 합의나 사회적 합의를 재해석하면 많은 사실이 새롭게 보일 것이다. 그리고 기억해야 할 것은 그 속에 부의 대반전을 가져올 기회가 숨어 있다는 점이다.

양 값 폭등에 숨겨진 생존경쟁의 무기

이율배반 현상은 은닉된다

투자와 비즈니스에서는 종종 이율배반적인 일이 동시에 발생한다.

15세기 영국에서는 양 값이 치솟았다. 신대륙의 발견과 함께 모직물의 수요가 급격히 커지자 양모 가격이 폭등한 것이다. 그런데 이 시기에 수많은 요먼 계급(Yeomanry, 14~15세기 영국에서 젠트리 계급과 서민 사이에 위치한 중산층 자영농) 사람들이 결정적인 순간에 토지를 팔아치웠다. 반면 오히려 토지를 매수하는 사람들도 있었다. 왜 누구는 토지를 팔아치우고, 누구는 오히려 토지를 사들였던 것일까.

당시 영국 정부는 이중적 태도를 취한 것으로 알려져 있다. 외형적으로는 토지 합병과 분할을 강력하게 금지했지만, 알고 보면 그 실체는

'암묵적 동의'였다. 그리고 지금 이 순간에도 종종 이런 일이 발생한다. 그러므로 우리는 사회변동을 읽는 힘이야말로 실질적인 삶의 무기가 된다는 점을 명심해야 할 것이다.

계급의 수직 상승

당시 토지의 합병과 분할은 사회계급의 수직 상승을 가져왔다. 정확하게 말하면 '상승'과 '하강'이 동시에 발생했다. 자세히 들여다보면 안타까운 순간들이 한둘이 아니었다.

"변혁기의 작은 몸짓과 단호함이 결국 계급을 가른다."

15세기 말에서 17세기 중반에 걸쳐 영국에서 발생했던 '토지 합병과 분할 사건'은 소유권을 주장하기 위한 '토지 울타리 치기'에서 시작되었다. 우리는 학교에서 이 사건을 '인클로저 운동'이라고 배우는데, 투자자의 입장에서는 토지 합병과 분할 사건으로 인식하는 것이 좋다.

당시 토지 울타리 치기에 대한 입장은 셋으로 나뉘었다. 즉 주도하는 자, 내몰리는 자, 망설이는 자의 세 집단이 있었던 것이다.

'주도하는 자'들은 주로 넓은 필지의 농지를 소유한 계층이었다. 이들은 주도적으로 나서서 소유 영역을 확실하게 표시하기 위해 토지 둘레에 울타리를 쳤다.

중세 장원을 그린 15세기 초의 그림. 영주 직영지, 교회 영지, 농민들이 소유한 영지로 나누어져 있고 3년을 주기로 추경지, 춘경지, 휴한지로 삼포제를 했다.

'내몰리는 자'들은 작은 필지의 농지로 생계를 이어가던 계층으로, 주로 영세농민과 공유지 경작 농민으로 구분되었다. 특히 공유지 경작 농민은 예전부터 경사가 가파른 곳에 밭고랑, 초지 혹은 웅덩이 형태로 놓여 있던 공유지를 그냥 놀리기 아까워 꼬불꼬불 좁은 밭고랑을 내어 생계를 이어온 이들이었다.

"빼앗기면 어떡하지?"

간신히 생계를 유지하던 농민들의 불안감은 이만저만이 아니었다. 공유지에는 배타적 소유권을 주장할 수 없었고 공동의 초지나 경사도가 높은 산자락이 모조리 목장의 울타리 안으로 갇힐 가능성이 높았다.

'망설이는 자'들은 주로 중산층 자영농인 요먼 계급이었다. 이들은 토지 울타리 치기에서 유리한 위치였다. 조상 대대로 농업을 통해 생계를 유지해왔으며, 양질의 농지를 상당량 소유하고 있었기 때문이었다. 하지만 쉽게 결정하지 못하고 망설이는 경우가 많았다.

이 요먼 계급들의 대조적인 모습은 기록에도 역력하게 나타난다. 이들이 소유했던 상당한 필지들이 대토지로 흡수되어 단일 토지대장으로 합쳐졌으며, 일부 극소수만이 '대박'을 맞게 되었던 것이다.

요먼 계급의 포기 사유

"양 값이 치솟았다."

15세기 영국에서 치솟은 양 가격은 사회변동의 도화선이 되었다.

15~16세기의 정치가이자 법률가였던 토머스 모어(Thomas More, 1477~1536)는 이를 두고 "양이 인간을 삼키는 시대"라고 묘사했다. 양 가격이 치솟자, 땅을 가진 사람 입장에서는 곡물을 경작하는 것보다 양을 목축하는 것이 유리해졌다.

문제는 당시 사람들이 경작하던 토지가 모두 본인 소유의 땅은 아니었다는 점이다. 대규모 토지를 가진 영주 등 '주도하는 자'들은 경작하던 사람들을 내쫓고 울타리를 박아 용도를 변경했다. 그런데 공유지에 대해서는 애매한 부분이 있었다.

양털을 깎는 모습. 양모산업의 발전은 중세 장원이 해체되는 데 큰 영향을 미쳤다. 이 과정에서 어떤 이는 기업가로 발전했고, 어떤 이는 가진 토지마저 잃어버렸다.

시간을 거슬러 올라가면 공유지에 대한 권리는 중세의 교구민들, 즉 마을 주민들이 공통으로 소유했던 집단적 권리였다. 그러나 법적으로는 영주 혹은 교구 목사, 지주들이 관할 교구 전체에 실질적 점유를 넘어서는 소유권을 행사하고 있었다. 현재는 세계 각국에서 경작권이나 점유에 의한 소유권이 법적으로 인정되고 있지만, 당시에는 인정되지 않았다

결국 공동경지 혹은 개방경지 역시 일순간 '주도하는 자'들에 의해 울타리가 쳐졌고, 이곳을 경작하며 생계를 이어왔던 경작 농민들은 내쫓겼다. 그뿐만 아니라 작은 땅떼기를 소유했던 영세농민들도 내몰렸다.(양모 가격의 폭등은 이처럼 추후 소유권, 점유권, 경작권에 대한 이론을 집대성하게 되는 원천적 사례가 된다.)

반면 '주도하는 자'들은 이후 거대한 축산기업의 주인으로 우뚝 서게 된다. 이들 소수에게 토지의 소유권이 집중되었고, 20~30명이 경작했던 거대한 땅은 이제 말 그대로 한 지주의 것이 되었다. 공동 경작지와 작은 필지의 토지에 울타리를 쳐서 거대한 토지의 소유권을 통합했기 때문이다.

이에 대해 국가는 이중적 태도를 취했다. 겉으로는 경작 농민들을 내쫓는 행위를 강력히 금지한다고 했지만, 실제로는 암묵적 동의로 이율배반적인 태도를 보였다.

한편 대대로 땅을 경작하며 살아오던 중산층 자영농인 요먼 계급이 목장으로의 소유권 통합을 포기한 이유는 정확하게 알려지지 않고 있다. 기록을 보면 일부 요먼 계급은 심각한 고민을 거듭한 것으로 나온

다. 다져진 길을 선호하던 그들에게는 분명 판단이 쉽지 않았을 것이다. 이 시기는 토지를 매수해야 할 때였지만, 결국 수많은 요먼 계급 사람들은 달콤한 제의에 오히려 토지를 팔아버렸다. 정보가 부족하니 솔깃한 제의에 분명 흔들렸을 것이다. 그리고 한참이 지나서야 자신들의 실수와 그에 따른 참혹한 결과를 실감했을 것이다. 이 판단으로 누군가는 축산기업을 소유한 대지주가 되었지만, 누군가는 토지 밖으로 내몰리고 빈손이 되었던 것이다.

중산층 자영농인 요먼 계급의 망설임은 이해할 만하다. 울타리를 쳐서 조상 대대로 공유지와 작은 필지를 경작해 생계를 유지하던 영세 농민들로부터 토지를 편입시키는 행위가 분명 내키지 않았을 것이다. 그런 거래가 정서적으로도 쉽지 않았을 것으로 추측할 수 있다. 그러나 '단호한 결정'과 '망설이는 유보'는 엄청난 차이를 가져왔다.

혹자는 "거대한 부는 시대의 산물"이라고 말한다. 요먼 계급은 시대와의 조우를 거부하고 대부분 농촌을 떠났고, 그들 중 일부만이 오히려 토지를 더 사들여 우뚝 섰다.

그 결과 농민들의 빈곤은 심화되었고, 이는 국가 전체에도 문제가 되었다. 정부도 불법적 토지 울타리 치기와 이에 따른 토지 합병을 금지한 것으로 알려지고 있지만, 실제로 이러한 금지정책은 거의 효과를 거두지 못했다. 산업과 자본주의가 태동하는 거대한 시대의 흐름을 막을 수는 없었던 것이다.

자비산업의 최대 위기

시대를 읽는 힘은 많은 불확실성을 제거한다. 하지만 당시 상황을 두루뭉술하게 인지했던 사람에게는 단호한 의사결정이 쉽지 않았을 것이다. '혹시 현재의 높은 양모 가격이 일시적 현상에 불과하다면?' 하는 생각으로 두려웠을 것이다. 그러나 이는 국가 경제의 거시적 틀에 대한 인식 부족 때문이다.

당시 양모 가공업은 영국 사회를 대혼란에 빠뜨리고 있었다. 신대륙의 발견으로 모직물의 수요가 급증하자 양모 가격은 폭등했다. 미국 등 신대륙에서 살아 있는 양을 수입할 수도 있었겠지만 여의치 않았고, 영국에서 기르는 양의 금빛 양모는 다른 나라와 비교할 수 없을 정도로 질이 좋았다.

양의 가격이 급등한다고 양모 가공업을 포기하면 무슨 일이 벌어질까? 염색, 세척 등 양모 가공업의 주요 세부 공정들은 에드워드 3세(1327~1377) 시기부터 시작되었으며 도시와 촌락으로 골고루 퍼져 있었다. 농업과 밀접하게 연관되어 국민들의 소득을 지탱해주었으며, 토지 소유자, 축산업자 같은 부유층뿐만 아니라 소규모 가공업자 및 노동자 등 국가 취약계층의 생활을 영위하게 하는 자비산업(慈悲産業)적 측면도 있었다.

영국의 입장에서는 유럽 대륙에 모직물을 1천 파운드에 팔면 그 돈이 국내의 축산업자, 모직물 가공업자, 운송업자 등에게 돌아간다. 이처럼 경제에서 큰 위치를 차지하고 있었으므로 정부로서는 양모와 관련된 산업 전체를 포기할 수는 없었을 것이다. 해당 산업뿐만 아니라 관련 산업 전체의 공멸을 초래하기 때문이다.

그런데 국가가 획득하는 부의 양을 극대화하고 싶어도 더 이상 양이 없었다. 아무리 훌륭한 산업이라도 해도 원재료가 없으면 무슨 소용이 있겠는가. 목장의 부족은 그 당시 국가의 핵심적 선결 과제였다.

양모와 관련된 산업을 포기할 것인가, 말 것인가. 포기는 곧 양모 관련 산업의 전멸을 뜻했다. 정부가 울타리 치기와 토지 합병을 강력하게 금지했다면 영국의 양모 가공업은 분명 거기까지였을 것이다. 거시적 시각으로 보면 국가 이익과는 크게 상충되기 때문이다. 결국 정부는 엄격한 정책 시행을 포기한다. 양모 산업이 만드는 부의 흐름을 포기할 수 없었기 때문이다.

토지 울타리 치기의 실상

영국 정부는 결국 양모 가공업에 비하면 다른 산업은 부차적인 것이라고 판단하고, 양모 가공업을 위해 수많은 법률과 규정들을 제정하며 대대적인 육성에 나섰다. 생산품의 우수성과 높은 수익의 확실한 보증에 역량을 집중한 것이다.

한편 영국 의회는 양모 산업의 애로와 불평, 청원, 부단한 개입 요청에 휘말린다. 원재료가 없다면 산업도 존재할 수 없었기에 목장의 확대를 금지하는 법령과 규정은 없었다. 핵심 산업을 철저하게 보호하기 위해서다. 역사를 볼 때 핵심을 파악하기 위해서는 경제적 시각이 반드시 필요하다.

토지 울타리 치기는 1차와 2차로 구분되어 실시된다. 1차는 양모 부족을 극복하기 위해 15~17세기에 시행되었다. 지금의 시각으로 보면 양모 절단 및 가공을 촉진시키는 정책들이다. 그런데 18~19세기의 2차 시기는 근본적으로 다르다.

"이제는 농작물이다!"

18세기와 19세기에 이르자 곡물 가격이 폭등하기 시작했다. 15세기부터 17세기까지 양모산업을 위해 목장의 면적을 넓혀왔는데, 그 결과 이제는 곡물 가격이 폭등하고 농경지가 모자란다는 하소연이 나오게 되었다. 영국은 혼돈에 휩싸였다.

인간은 때로는 한 치 앞도 보지 못하는 존재이다. 따지고 보면 2차 울타리 치기는 1차에 의해서 자행된 '자살골'이었다. 농경지가 목장으로 바뀌면서 노동력이 도시로 이동했고, 이로 인해 결국 다시 곡물과 농지가 부족해지는 현상이 발생한 것이다.

그렇다면 농경지를 어떻게 넓힐 것인가? 1차 때의 경험이 교훈이 되어, 동일한 방식으로 공유지와 개방경지 위주로 울타리가 쳐진다. 1차를 통해서 많은 경험을 체득한 정부도 가만히 있지 않았고, 이제는 의회의 지원과 협력적 관계 속에서 울타리 치기가 공개적으로 추진되었다. 상당량의 역사기록이 등장하는 이유이다.

우선은 대상 지역을 교구를 기준으로 일정 구역을 기획하여 추진했다. 광활한 규모로 교구의 소속 토지를 병합했고, 일부 자투리 토지는 대체할 교환지를 주는 대토 절차를 거쳤으며, 여의치 않은 경우 토지 병합에 따른 현금 보상을 추진했다. 이는 현재의 지역개발 방식과도 그리 다르지 않다.

단순한 분할과 병합조치로 여의치 않으면 인접 토지를 몰수하는 정책도 시행했다. 공동의 이익을 위하여 용도를 변경하거나, 혹은 별도의 몰수 조치를 통해서 다량의 토지를 확보했다. 현대적인 '환지 부여 방식'이 여기에서 비롯되었다. 이 방식은 기존 지주의 종전 권리를 존중하는 형태로 이루어졌다.

의회는 위원회의 위임을 통해서 사업을 추진했다. 기록에 따르면 위원회 구성은 그렇게 정교하지 않았다. 교구별로 3명, 5명 혹은 7명의 위원들이 전제군주와 같은 절대 권한을 가지고 교구의 토지를 제멋대로 재편성하거나 재분배했다. 우리의 유신정권 시절에 행해진 농지개량 사업의 원조라고도 볼 수 있다.

1차 울타리 치기는 양모 가격의 폭등이 일으킨 사회적 현상이고, 2차는 곡물 가격 폭등의 결과로 이루어졌다. 역사를 보는 방법에는 여러 가지가 있지만, 폭등과 폭락 등 자산가격의 변동이라는 측면에서 보면 더욱 명확하게 보인다. 또한 자산가격의 폭락은 투자자에게는 깊은 탄식을 가져오지만, 거꾸로 보면 절호의 구조조정 기회가 될 수 있다.

토지 분할과 합병의 세부절차

앞서 설명했듯 18세기에서 19세기까지 유럽에서는 곡물 가격이 급등했다. 곡물은 가격이 급등하더라도 소비자가 안 먹을 수 없고, 생산자는 바로 공급량을 늘릴 수 없기 때문에 가격 급등 압력이 더 셀 수밖에 없다. 1845년 아일랜드에 닥친 가뭄과 흉년으로 곡물 부족 현상이 심각해지자, 특히 아일랜드가 재앙의 중심지가 되었다. 그리고 이런 궁핍한 환경이 2차 울타리 치기의 실질적 환경이 되었다.

어느 사회나 유독 사회의 변화에 더 빠르게 대응하는 계층이 있기 마련이다. 당시에는 광대한 토지를 가져본 계층, 즉 귀족층이 토지를 둘러싼 사회의 환경변화에 민감했고 의회와 정부에 대한 청원도 과감했다. 현대적 의미로 해석하면 변호사를 통해 교구 관할 토지의 지주들을 소집하는 일뿐만 아니라 관련 법률에 대한 제정 청원 등에도 앞장섰다. 당시 합의제도는 다수결이 아니었으며, 투표권도 철저하게 소유토지에 비례해서 주어졌다. 이는 현재의 부동산 관련 동의제도의 근간이 되는데, 부동산 개발과 합의의 요건들이 이때 마련되었다.

토지를 둘러싼 합의 및 의사결정 제도가 다른 분야보다 앞선 이유는 별 게 아니다. 토지가 중요했기에 합의 및 의사결정을 해야 하는 일이 자주 발생했기 때문이다. 합의나 의사결정에 동의한 지주의 토지 면적이 전체 토지의 5분의 4가 넘으면 요건이 충족되었다. 기록에 의하면 소지주의 동의가 필수적인 경우 극한의 방법을 쓰기도 했다.

곡물 가격의 급등에 따라 토지의 수익성이 꿈틀대자, 일부 지주계층은 호들갑을 떨었다. 영주, 혹은 교구 성직자 출신과 연합하여 때로는 거의 억압에 가까운 분위기로 사안을 처리했다. 의회 청원의 경우 반대 의견이 제출되어도 무시되는 경우가 많았지만, 기득권층에 의한 반대 청원은 무시할 수 없었다(만일 당시 요먼 계급이 이런 태도를 취했다면, 영국 역사는 달라졌을 수도 있다). 이들이 기득권을 근거로 요구하면 대부분 수용되었다. 공동경지와 개방경지를 포함한 교구의 토지 전체를 일괄 대상으로 삼아 대체해줄 교환지를 선정했고, 필요한 경우 소유권을 대체해주었다.

1차 울타리 치기는 농지가 목장으로 전환되는 것이라서 파급효과가

19세기 섬유공장의 모습. 양모산업 발전과 인구 증가에 따라 곡물가격이 치솟아 18세기 후반부터 19세기 전반까지 2차 토지 분할 및 합병 운동이 일어났다.

더 컸는데, 목장의 경우 농지보다는 엄격성이 덜했기 때문이다. 한편 2차 울타리 치기는 1차 때 제외되었던 토지를 중심으로 농업의 대형화를 이룰 수 있는 토대가 마련되었다. 삐뚤빼뚤했던 농지 경계선이 모두 직선으로 바뀌는 획기적인 일이 벌어진다.

토지 울타리 치기와 토지 합병은 토지에 가장 밀접하게 결부되어 있던 계층에 커다란 동요를 일으켰다. 일부 학자는 이 시기에 중산층 자영농인 요먼 계급 중 많은 이들이 역사에서 사라진 것을 개탄한다. '대변동' 기간에 대책 없이 무기력하게 지켜보았던 것이 화근이었는지도 모른다. 지주들과 일부 동료들은 커다랗게 울타리를 치면서 단호하게 대응했지만, 그들은 양질의 거대한 토지를 그냥 포기했던 것이다.

이처럼 역사의 실체는 경제와 부의 시각으로 견고하게 바라볼 때 더 잘 드러난다. "과연 우리는 어디로 가고 있는가."

방향성을 정확하게 낚아챈 사람은 그 흐름 위로 올라섰고, 그렇지 못한 사람은 낙마했다. 흐름을 읽을 줄 아는 사람은 그 방향성을 이미 알고 있기에 의사결정이 두렵지 않다.

우리는 사회변동의 방향성을 정교하게 읽어내고, 때로 이율배반적인 사안이 닥치더라도 그 정확한 사유를 알아채야 한다. 그런 통찰력이야말로 삶의 무기로 작용할 것이다.

과도기의 과잉자산과 희소자산

과잉자산과 희소자산은 상호 교차된다

역사의 변곡점에 해당하는 시기에는 가히 폭발적인 에너지가 분출한다. 또한 종종 '희소자산'의 폭등과 '과잉자산'의 폭락이 상호 교차하기도 한다.

우리나라 역사를 예로 들여다보면 조선시대 계층변동의 실질적 꼭짓점은 임진왜란이라고 할 수 있다. 그리고 이 과정에서도 과잉자산과 희소자산의 역할이 결정적이었다.

그렇다면 과잉자산과 희소자산이 어떻게 폭발했는지, 어떻게 확산되었는지 등을 사회변동의 수렴적 측면에서 살펴보자.

변곡점의 의외성, 노비가격의 급락

17세기 말, 숙종 때 노비가격이 폭락했다. 조선시대의 양반들은 그 권세를 노비의 수로 증명했는데, 숙종 즉위 12년 즈음(1686년 전후) 노비가격이 한 사람당 100냥에서 10~20냥으로 속절없이 폭락했던 것이다. 이는 급변하는 사회의 상황을 그대로 보여주는 일이기도 했다.

기록에 따르면, 한 노비가 주인인 양반에게 이렇게 말했다고 한다.

"주인 나리, 이게 제가 가진 모든 돈입니다. 결코 적은 금액이 아니지요."

몸값을 받고 자신을 노비에서 방면해달라는 요청이었다.

이렇게 주인에게 돈을 주고 자유를 사서 양민이 되는 노비도 있었지만, 한편으로는 노비 속량에 반대하는 양반도 있었다.

"몸값을 받고 자꾸 속량해주면 농사는 누가 짓겠는가? 나중에는 노비가 극심하게 부족한 현상이 발생할 거야."

노비가 부족해지면 분명 몸값이 오를 테니, 양반으로서는 손해일 것이다.

한편 노비가격의 폭락은 예견된 참사라고 말하는 양반도 있었다.

"여보게들, 지금은 노비를 재산으로 여기지만, 앞으로는 더 이상 아닐 거야. 토지가 부족하잖소."

"노비의 수가 더 이상 올바른 잣대가 아니니다."

'권세의 핵심지표'가 변동할 것임을 예견하는 말이다.

이처럼 사회변동의 수렴 방향을 파악하는 힘은 통찰력에서 나온다.

하지만 사회의 본질에 대한 통찰은 쉽지 않다. 외면적 현상이 본질을 은폐하고 있기 때문이다. 따라서 대부분의 사람들은 핵심을 찌르는 말도 그냥 흘려듣는다. 왜 어떤 이는 정확하게 사회현상을 예측하고, 다른 이는 탄복만 하는 것일까? 지금 이 순간에도 마찬가지로 그런 일이 벌어지고 있다.

사회변동의 방향성은 거시적으로 살펴보면 자산가격의 폭등과 폭락으로 연결된다. 우리는 사회변동의 '수렴'과 '확산'을 정확하게 투시하여 어떤 현상이 '장기적 수렴'인지, 어떤 휘발적 사유가 '단기적 발산'인지를 구분할 수 있어야 한다. 그리고 조선시대 숙종 때의 노비 가격 폭락은 노비의 증가세가 만들어낸 수렴적 현상이라고 해석할 수 있다. 왜 그럴까?

원인 없는 과잉자산은 없다

흔히 조선을 '양반의 나라'라고 말한다. 하지만 조선은 양반의 나라이자 '노비의 나라'이기도 했다. 고려시대에는 노비가 인구의 5% 미만, 아무리 높게 잡아도 10% 미만이었던 것으로 추정되지만, 역사가들은 17세기경, 즉 조선시대에는 노비의 비중이 30~40% 정도였을 것으로 추정한다. 그렇다면 왜 이렇게 노비가 급격히 늘어났을까?

조선시대 초기에 노비의 신분적 예속을 정당화하는 법제가 정비되었다. 제3대 왕인 태종(재위 1400~1418년) 때까지 노비와 양인의 결혼은 철저하게 금지되었다. 혼인이 성립한 경우에도 강제로 이혼을 시키거나, 혹은 그들이 낳은 자녀를 양인의 자녀로 되돌렸던 정책이 취해졌다. 하지만 이후 이러한 노비 억제정책이 바뀌었다. 노비와 양인의 결혼이 공식적으로 허용되는 대신 독소조항이 붙게 된 것이다.

"남자와 여자 중 한쪽이 노비면 모조리 노비로 확정한다."

이것을 '종천법(從賤法)'이라고 하는데, 종천법은 노비의 수가 급격하게 늘어나는 결정적 원인을 제공했다.

조선시대 사대부들은 고려시대와의 단절을 주장했다. 통치이념도 완전히 달랐다. 고려는 불교를 기반으로 했으며 인간의 평등성을 기본으로 삼는다. 비천한 노비나 가난한 소작인도 성불(成佛)하면 다 부처라고 보았다. 반면 조선시대에는 사고의 개념이 바뀌었다. 외부에서 볼 때 조선의 성리학은 청렴하고 능력 위주인 것처럼 보이지만, 내부의 모습은 달랐다.

조선은 성리학을 기반으로 차별성을 강조하고, 인간의 비천과 예속을 자연의 질서로 숭상한다. 노비의 존재도 선인들의 훌륭한 가르침에서 기인한다고 주장한다. 주자 성리학이 말하는 오륜(부자, 군신, 부부, 장유, 붕우)에 덧붙여 노비의 충실성이 하늘이 내린 윤리적 덕목이며, 왕과 신하를 규율하는 윤리보다 더 중요하다고 치켜세웠다. 이처럼 조선에서는 태어나자마자 계급이 확정되었고, 계층 이동의 사다리도 봉쇄되었다. 노비들의 피와 땀으로 이루어진 사대부 지배계층의 물질적 풍요는 시간이 흐를수록 더욱 공고해졌다.

세조는 종천법을 없애려고 시도했지만 끝내 실패한다. 종천법은 초기에는 별로 문제가 되지 않았다. 노비와 양인의 혼인 비율이 미미했기 때문이다. 전체 혼인에서 노비와 양인 간 혼사의 비율은 10~20% 정도였다. 하지만 임진왜란 후부터 16세기 말까지 노비와 양인의 혼인 비율이 폭발적으로 증가했고, 결국 40~60%까지 치닫게 된다. 그리고 이런 상황에서도 여전히 계층의 피라미드는 견고하기만 했다. 양반 입장에서는 '자산 증가'에 따른 '노동력 폭증'에 불과했던 것이다.

결국 종천법의 지속적 시행은 사회의 불안정성을 높이는 변동을 가져왔고, 노비의 폭증은 대반전의 전조가 되어 조선을 삼키었다. 통치자의 이해 부족이 이러한 결과를 가져왔다고 할 수 있다. 사람과 사회는 무엇으로 움직이는가, 부의 핵심원리에 대한 인식이 결여되었던 것이다. 피지배계급의 피와 땀으로 호의호식하는 지배체제가 차별적 우위를 장기간 누릴 수 있을까?

폭등과 폭락 에너지

자산가격은 대부분 상대성을 가진다. 조선 숙종 때 노비가 급격히 늘어나서 노비 가격이 급락하자 토지가격이 폭등하게 된다. 농사를 지을 싼 인력인 노비는 크게 늘어났는데, 토지는 한정되어 있으니 땅값이 오를 수밖에 없었던 것이다. 이처럼 한 자산의 폭락은 다른 자산의 폭등으로 나타나는 경우가 많다. 에너지가 상호 교환되기 때문이다. 따라서 변곡점에 서면 '희소자산'과 '과잉자산'을 대비시켜 사회현상을 면밀히 대조할 수 있어야 한다.

노비와 토지는 당시 농업의 중요한 생산수단이었다. 토지가격의 폭등 에너지는 토지가 부족할수록 증가하고, 노비가격의 폭락 에너지도 노비의 과잉에 비례해서 나타난다. 계산식은 아래와 같다.

과잉자산의 폭락 에너지(E)=[(변동 전 노비 수)−(변동 후 노비 수)] ×단위당 평균 노비가격

희소자산의 폭등 에너지(E)=[(변동 전 토지 전체량)−(변동 후 토지 전체량)]×단위당 평균 토지가격

16세기에서 17세기에 걸쳐 전쟁과 가뭄으로 농지가 초토화된 것이 더 문제였다. 조선의 농지 면적은 임진왜란(1592~1598) 이전에 170만 결에 달했는데, 전쟁 직후인 광해군 시대에는 3분의 1인 54만 결로, 참혹하다고 할 정도로 줄어들었다. 전쟁터에서 돌아온 노비와 농민은 굶어죽지 않고 살아남기 위해 발버둥을 쳐야 했다.

조선 초기에 정도전은 토지를 사전(私田)과 공전(公田)으로 세분하고, 고려의 과전법을 이어받아 관리들에게 세금을 거둘 권리(수조권)가 있는 과전을 주었다. 과전법은 권문세족의 토지를 몰수하여 재분배하고, 신진사대부인 관료들의 경제적 자립을 보장하여 관료사회를 돈독히 했다. 세종에 이르러서는 백성의 부담을 줄이기 위해 수조권을 1결당 20두로 경감시키기도 했는데, 관료는 이미 녹봉을 보수로 받고 있었기에 추가로 지급되는 과전은 신분상의 특전이기도 했다. 또한 수조

권은 정부가 언제든 거둬들일 수 있어 토지개혁에 유리하기도 했다.

하지만 출발은 섬세했지만 그 끝은 초라했다. 결국 16세기와 17세기에 이르러 토지의 소유권이 모조리 지배계층으로 귀속되었기 때문이다. 왜 초기의 과감한 개혁을 성과로 연결시키지 못했을까?

임진왜란과 병자호란(1636~1637)은 계층 변동의 실질적 꼭짓점이었다. 수많은 양반들이 졸지에 계층 피라미드에서 굴러떨어졌고, 양반은 양반인데 토지를 가지지 못한 가난한 양반들이 나타났다. '반(半) 양반'이라고 불렸던 이들은 가난에 시달렸지만 돈벌이가 가능한 직업(이를테면 상업)을 가질 수가 없었다. 그냥 굶어 죽으라는 말인가.

한편, 토지가격이 급등하고 노비가격이 폭락하자 병작반수(竝作半收) 제도가 퍼지게 된다. 이는 기존의 노비제도와는 다른 체제였다.

"경작활동을 열심히 해서 수확물을 정확하게 반절로 나눕시다."

병작(竝作)이란 지주의 토지를 빌려 경작한다는 의미이고, 반수(半收)란 그 토지에서 나오는 소출을 반으로 나눈다는 것이다. 땅을 가진 지주는 농지를 내놓고, 다른 쪽인 농민은 노동력을 투입하여 농사를 지어 수확물을 반씩 나누어 가지는 것이다(흔히 '지주제'라고도 하지만, 조선시대에는 '병작제'로 불렸다).

"허리가 부러지도록 일했더니, 그래도 입에 풀칠은 할 수 있네."

병작제도는 원래 제한적으로 활용되었다. 양반이지만 병자, 홀아비 혹은 과부의 경우에만 활용할 수 있는 제도였다. 그러던 것이 임진왜란 이후 지주의 토지 집적이 활발해지면서 조선 후기에 와서는 엄격한 규제가 대대적으로 풀리고 보편적인 제도로 자리 잡게 되었다.

우리나라의 보물 제391호인 부산진 순절도(釜山鎭殉節圖). 임진왜란과 병자호란은 계층 변동의 실질적 꼭짓점이었고 이후 노비가 급증했다.

여기서 잠시 생각을 해보자. 어떤 사회가 건강한 사회일까? 조선의 개혁정신은 언제부터 사라졌을까?

중요한 점은 끊임없이 요동치는 사회일수록 건강한 사회라는 점이다. 개인은 안주와 고착을 선호하더라도, 사회는 개인에게 역동성을 부여해야 한다. 왜 조선시대 말기에 경쟁력을 잃고 외세에 휘둘렸을까. 토지와 노비제도에 의존하여 '편안한 부'를 추구한 통치이념은 인간과 사회에 대한 이해부족에서 비롯된 것이다. 결국 경쟁 없이 주어지는 안락이 최대의 문제였다.

시기별 희소자산과 과잉자산의 대조

2021년 현재, 갑자기 몰아닥친 코로나19 팬데믹으로 우리 경제에도 소비침체와 투자 부족이 심각하다. 이럴 때 희소자산과 과잉자산은 무엇일까? 일시적 과잉자산은 공산품이라고 할 수 있을 것이다. 그러면 희소자산은 무엇일까? 바로 국가재정이다.

코로나19 사태가 단기적으로 종식된다면 현재의 경제침체는 곧 회복될 것이다. 그러나 장기간 지속된다면 사태는 심각해진다. 세계 각국의 GDP 대비 국가채무 비율도 급속하게 악화될 것이다. 국가재정의 건실성은 18세기 말의 프랑스 혁명(1789~1799) 이후 국가 신용도를 결정하는 핵심적 잣대였다. 따라서 각 정부는 다른 나라와 비교하여 국가채무액 혹은 국가채권 발행액을 낮게 유지해야 한다는 당위성을 지니게 된다. 소비침체와 투자 부족이 장기화된다면 세계의 모든 기업과 부동산은 수익성 지표가 악화되어 '가격 재산정(Re-rating)'의 위기에 직면하게 된다.

변곡점에서는 과잉자산과 희소자산을 구분하는 것이 핵심이다. 자산가격은 희소자산과 과잉자산을 중심으로 거대한 분기점을 만들어내기 때문이다. 이런 점에서 우리는 사회적 현상별로 '장기적 수렴'과 '단기적 발산' 현상을 구분하고, 희소자산과 과잉자산의 수렴점을 알아채는 것이 중요하다.

변곡점에 숨겨진 인간 심리

변곡점의 원리는 패턴이다

변곡점은 종종 자산가격을 폭등시키거나 폭락시킨다. 따라서 그 방향을 잘못 가늠한다면 깊은 추락으로 빠져들 것이요, 적중한다면 안도의 한숨을 내쉬며 위기에서 벗어날 수 있을 것이다.

사회의 변곡점은 크게 관계적 속성, 문화적 속성, 정책적 속성에 의해 초래된다. 여기서는 관계적 속성으로 분류되는 무력 충돌 변곡점을 통해 변곡점의 발생 패턴을 살펴보겠다.

변곡점의 패턴

1859년, 미국 펜실베이니아주의 타이터스빌(Titusville)에서 드레이크 유전이 발견되었다. 철도 종사자였던 에드윈 드레이크는 1859년 8월 27일, 사상 최초의 수직 굴착식 석유 시추에 성공한다. 요즘 기준으로 보면 고작 21m에 달하는 시추였고 하루 생산량도 25~30배럴 정도로 매우 적었지만, 당시로서는 기록적인 규모였다.

드레이크 유전에서 생산된 석유는 강과 호수, 운하를 통해 뉴욕으로 수송되었고 이를 시작으로 투자자와 개발자들이 이른바 '검은 황금'인

펜실베이니아 드레이크 유전의 시추 모습.

석유로 몰려들어 석유 산업 붐이 일었다. 미국의 역사가들은 드레이크가 원유 시추에 성공한 날을 미국 석유 산업이 탄생한 날로 여기며, 드레이크를 '석유 산업의 아버지'로 일컫는다.

세계 질서가 흔들리는 변곡점에 서면 사건은 급속히 확대되고 자산 가격은 급등락한다. 처음에 드레이크 유전의 가능성에 대해 확신할 수 없었던 영국은 조바심도 나고 불안한 마음도 들었지만 일단 침묵했다. 그 무렵 세계 경제 1위 국가였던 영국의 입장에서 핵심 에너지 자원이 석탄에서 석유로 바뀌는 것은 치명적 위기였다. 석탄과 석유 같은 핵심 에너지 자원의 교체는 국가 부의 순위를 뒤집어놓기 때문이다. 에너지의 교체는 양 세력의 극단적 충돌 형태로 나타나며, 떨어지는 해는 떠오르는 해를 믿지 못하고 일단 부정한다.

"설마, 에너지 사용 패턴이 그렇게 빨리 변하겠어?"

하지만 미국이 세계에서 처음으로 석유를 대량 생산하기 시작하자, 이는 석탄 위주의 에너지 구조를 지닌 영국에게는 악재가 될 것이 분명했다.

1871년에 또 하나의 사건이 벌어진다. 프로이센-프랑스 전쟁을 종결한 독일이 통일국가로 서서히 떠오른 것이다. 영국은 이번에도 속내를 깊숙이 감춘다.

"경제적 시각은 그리 중요하지 않아."

1914년, 오스트리아가 세르비아를 공격하자 러시아는 세르비아를 엄호한다. 독일이 오스트리아와의 동맹관계에 의해 러시아에 선전포고를 단행하자 이번에는 독일에 대한 견제심리로 영국과 프랑스가 끼

어든다.

"어떻게 해야 저 녀석의 발목을 잡을 수 있을까?"

이처럼 추격을 당하게 된 영국은 깊은 상념에 빠진다. 미국은 석유 발견 및 대량생산으로 격차를 크게 벌렸고, 만만해 보이던 독일마저 자신들을 추월할 것이라는 사실을 인정하고 싶지 않았던 것이다. 독일은 19세기 후반까지 몇 개의 작은 세력으로 나뉘어져 있었으나, 통일이 이루어지자 유럽의 역학관계는 급변했다. 또한 영국 입장에서는 치욕적인 일이 벌어진다. 세계 공업생산 점유율 15%인 영국을 독일이 16%로 역전한 것이다.

영국은 지독한 현실 부정의 심리에 휘말린다.

"그럴 리가 없어."

관련국과의 역학관계는 시대마다 다르다. 하지만 여기에 얽힌 인간의 심리는 동일하다. 추월당할지도 모른다는 긴박한 불안감은 추월을 당하는 순간 나보다 못한 녀석이 나를 넘어섰다는 상흔을 가슴에 새기며, 결국 시기와 질투심리로 발전한다.

이마누엘 칸트(Immanuel Kant, 1724~1804)는 상호이익이 무력충돌을 없앨 것이며, 무역을 통한 상호교류가 증가함으로써 평화가 증진될 것이라고 생각했다. 하지만 경쟁심리는 상호이익 중심의 소유 기반과 별로 상관이 없으며, 무력충돌의 궁극적 심리는 시기와 질투임이 만천하에 드러난다. 영국 중심의 연합국이 독일을 침략한 심리에는 분명 '이러다가 독일에 뒤처지면 어떡하지' 하는 불안심리가 자리 잡고 있었던 것이다. 그리고 전쟁이 끝나는 시점이 되면 이 심리는 또다른 심리로 바뀌게 된다.

"패전국이 무슨 할 말이 그렇게 많은가."

패전국은 재갈을 물려도 패배를 수용하지 못하기도 한다. 무력충돌은 끝났지만 끝난 게 아니다. 이것이 다 끝난 전쟁이 종종 다시 살아나는 이유이다. 패배를 결코 수용하지 못하는 패전국 때문에 강화체결 조약은 종종 '재앙체결 조약'으로 변모하기도 한다.

1차 세계대전의 마무리 협상은 베르사유 조약을 통해서 문서화되었다. 사람들은 새로운 출발을 기대했지만 이는 재앙의 실질적 확정문서로 기능했다. 승전국들은 패자를 완전히 굴복시켜 승자의 발바닥을 빨

1919년 베르사유 조약의 서명 장면. 독일은 전쟁 배상금으로 인해 극심한 경제위기를 겪게 된다.

도록 다그쳤으며, 패배한 측은 이를 거부한다.

베르사유 조약 231조는 전쟁의 책임이 전적으로 독일에 있음을 규정하고 있다. 연합국은 독일에 막대한 전쟁 배상금을 청구했고, 독일은 이대로라면 자력으로 절대 배상금을 지급할 수 없으니, 현실적으로 지급 가능한 금액을 명시해야 한다고 주장했다. 하지만 연합국은 그대로 독일에 재갈을 물리고 종전을 서둘렀다.

족쇄와 사슬, 그리고 배상금

"전쟁에서 승자와 패자는 없다. 비극적인 결과만 있을 뿐이다."

1차 세계대전 강화협상 시 승전국들이 한 말이다. 하지만 승전국들은 유독 독일에게 거대한 전쟁 배상금이라는 무거운 족쇄를 매달았다. 독일이 재기하여 경쟁자로 등장하지 않도록 손발을 꽁꽁 묶었던 것이다. 철광석의 채취 근거지를 없앴고, 자원의 대전환 시기임을 깨닫고 독일 민족과 영토를 찢어놓는다.

"이런 강화조약이라면 거부할 수밖에 없지 않은가?"

이런 상황에서 독일인의 심리는 두 갈래로 갈린다. 외형적으로는 승전국의 요구를 수용하는 것 같았지만, 내부에서는 지금은 어쩔 수 없어서 따르지만 두고보자는 저항감과 분노가 쌓이게 되었다.

1차 세계대전의 패전국인 독일은 1919년 1월 연방공화국 체제로 재탄생한다. 선거에서 이긴 민주공화 정권의 수장인 프리드리히 에베르트(1871~1925)가 독일 바이마르 공화국의 대통령으로 선출된다('바이마르 공화국'이라는 명칭은 헌법의 초안과 승인 절차가 모두 바이마르에서 이루어졌기 때문에 붙은 이름이다).

전쟁과 패전, 막대한 전쟁 배상금으로 독일의 경제는 짓눌렸다. 독일은 전후 복구를 위해 안간힘을 썼지만 안타깝게도 제자리걸음이었다. 한편 전쟁 배상금은 영국을 거쳐 미국에도 따박따박 송금되었다. 20세기 초 세계의 자본이 미국으로 몰려든 이유에는 에너지 전환이 만든 위력뿐만 아니라 전쟁 배상금도 한몫을 한다.

한편 미국은 1차 세계대전을 거치면서 초강대국 자리를 차지한다.

막대했던 독일의 1차 전쟁 배상금을 풍자한 미국의 정치 만화(1921).

연합국에게 무기와 식량을 팔았고, 1859년 드레이크 유전이 발견된 후 석유대국으로 우뚝 섰기 때문이다. 자원 강국 미국은 경제 강국의 자리를 차지하고 누리게 된다.

흔히 대공황(1929~1933)이 미국에서 시작되었다고 하지만 이런 점을 감안하면 독일에서 시작되어 결국 미국, 유럽으로 퍼져나간 것으로도 볼 수 있을 것이다. 대공황 시기 미국 GDP의 무려 60%가 날아갔으며, 미국 주식시장의 시가총액 중 약 89%가 사라졌고, 전 세계에 실업자들이 넘쳤다. 독일의 경우 노동인구의 약 44%가 실업자가 되기도 했다. 즉 20세기 가장 참혹했던 경제위기인 대공황의 진원지는 불균형적 전쟁 배상금 조항이라고 할 수 있다.

1,320억 금화 마르크에 달하는 독일의 막대한 전쟁 배상금이 결정적 역할을 한 것이다. 독일의 호전적 태도를 옹호하는 것이 아니라, 역사는 경제적 시각을 빼놓고는 얘기할 수 없다는 것이다.

독일에서는 전쟁과 패전, 막대한 전쟁 배상금으로 인한 경기침체로 하이퍼인플레이션이 발생했고, 1923년에는 환율이 1달러당 40억 마르크까지 치솟았다. 이에 이듬해인 1924년, 기존 마르크화를 1조 대 1로 평가절하 하는 화폐개혁을 하게 된다. 화폐개혁이 이루어지자 금 등 실물을 소지한 사람들은 부를 지켰고, 마르크를 소지한 사람들은 다시 추락했다.

독일은 이때 화폐개혁뿐만 아니라 은행대출의 정지를 통한 통화량 억제도 동시에 추진했다. 전문가들은 상황을 주시했다.

한편 독일의 물가 급등을 보면서 연합국은 그제야 각성했다. 암탉이 죽으면 전쟁 배상금은 어디서 받겠는가. 결국 연합국은 1924년 독일의 전쟁 배상금이 너무 가혹하다는 것을 인정하고 배상금 지급 통화를 탄력적으로 적용할 수 있는 트랜스퍼 보호 규정을 삽입한다. 이로써 이제는 전쟁 배상금을 독일 마르크화로 지급할 수 있게 되었다.

그런데 이 트랜스퍼 보호 규정이 향후 '거대한 힘'으로 작용하게 된다. 즉 이제 마르크화의 가치가 하락하면, 전쟁 배상금을 마르크화로 받는 연합국도 큰 손해를 입을 수밖에 없다. 따라서 연합국은 독일 마르크의 가치가 추락하지 않도록 노력하게 된다. 또한 마르크화의 통화가치가 적정하게 유지되지 않으면 결국 암탉이 죽어버리는 셈이니, 연합국은 독일 경제가 파괴되지 않도록 배려하게 된다. 아울러 연합국은 전쟁 배상금의 연도별 차등 상환도 허용했는데, 독일 경제는 이런 조치 덕분에 다소 숨통이 트이게 된다.

1924년 이후 미국과 많은 나라들은 독일에 거대한 투자를 감행한다. 그리고 투자에는 안정성의 담보가 필수 요건이다. 만약 독일이 주저앉는다면 독일에 대한 연합국의 투자금액은 모두 물거품이 되어버린다. 따라서 미국을 비롯한 연합국들은 투자금을 회수하지 못하게 될 것이 분명 두려웠을 것이다.

베르사유 조약의 급소

당시 비관론자들은 독일 경제를 '나약한 토대 위의 집'이라고 비판했다. 또 일부 전문가를 제외한 대부분의 사람들은 베르사유 조약이 담고 있던 전쟁 배상금의 영향력을 모두 잊고 있었다.

독일은 전후 복구사업의 영향으로 자동차, 약품, 필름, 화학섬유 등 많은 업종에서 비약적인 발전을 이룩하게 된다. 한편 세계 경제, 무역 및 자본 거래에서 미국의 영향력이 막강해지는 상태에서, 금본위제도 하에서 금이 미국으로 집중되는 현상은 분명 불안한 징조였다. 독일은 버티고 있었지만, 독일 경제를 '살얼음판'이라고 지적하던 경제 전문가들은 의구심을 가지고 바라보았다.

이후 독일과 연합국과의 회의에서 전쟁 배상금의 액수를 3분의 1로 줄이는 대신, 트랜스퍼 보호 규정을 파기하고 전쟁 배상금을 마르크가 아니라 상대국의 통화로 지급하자는 이슈가 다시 등장했다. 그리고 당시의 독일은 이런 조치가 가져올 경제적 효과를 정확히 예측할 수 없었다. 만약 이 조항이 파국을 촉발시킬 줄 알았다면 독일은 무조건 버텼을 것이다.

"설마 별일 있겠어?"

전쟁 배상금을 독일 마르크화가 아니라 상대국의 통화로 지급하게 되자, 지지대가 사라지게 된 마르크화의 통화가치는 급격하게 하락했고 이에 따라 독일 경제도 추락했다.

경제위기는 결국 약한 고리에서 터져 나오는 법이다. 조항 하나가

1929년 주가 대폭락 후 투자자들이 월스트리트와 브로드스트리트의 교차로에 모여 있다.

이런 영향을 끼칠 줄은 아무도 몰랐을 것이다.

미국과 세계 경제는 1차 세계대전 이후 1920년대에 호황을 누리고 있었다. 하지만 독일이 쓰러지자 미국도 온전하지 못했다. 1920년대 말에 접어들자 거품이 꺼지면서 실물경기가 하락하기 시작했고, 급기야 미국의 월스트리트에서 1929년 10월 '검은 목요일(10월 24일)'과 '검은 화요일(10월 29일)'을 기점으로 주식시장이 급락하며 대공황이 시작되었다. 뒤이어 1930년에는 유럽에도 대공황의 여파가 밀어닥쳤다. 금본위제였던 당시 통화체제에서 미국으로 금이 집중되며 불균형이 발생했고 트랜스퍼 보호 규정에 의해 가속화되었는데, 이 보호규정이 파기되면서 원래의 힘대로 빠르게 움직였기 때문이다.

당시의 보호무역과 블록경제 체제도 세계 경제를 더욱 불안하게 했다. 적정 통화량을 산출해서 유지시키는 이론도 아직 성숙하지 못했다. 독일인들은 망연자실하여 회한과 후회에 사로잡혔다.

"차라리 베르사유 조약을 완전 무시할걸."

회한의 심정은 거꾸로 표현된다. 막대한 전쟁 배상금으로 인한 고통은 독일 국민의 가슴에 불을 질렀고, 이런 상황에서 히틀러는 독일인의 상처받은 피해심리를 철저하게 파고들어, 마침내 1933년 정권을 차지하게 된다.

당시 독일 국민은 희망을 잃고 굴욕감에 빠져 있었다. 하이퍼인플레이션에 시달리다가 경제가 어느 정도 회복되는가 싶더니 대공황으로 다시 요동쳤고, 봉급생활자와 중소기업인들은 물가 급등에 따른 생활 파탄, 도산의 절벽으로 내몰렸던 것이다.

그런 독일인들에게 나치 중심의 국가사회주의독일노동당이 보여주는 질서정연하고 화려한 가두행진은 희망적으로 보였고, 단정한 제복은 질서의 표상이었으며 우월감의 상징이 되었다. 중산계급의 지지를 얻어내는 데 성공한 국가사회주의독일노동당은 지지층을 농민층으로 확장하기 위해 농업보호정책을 펴고자 했다. 그리고 베르사유 조약의 파기, 전쟁 배상금 지급 중단, 경제 종속국의 획득을 통해 경제의 숨통을 트이게 하겠다는 외침으로 결국 열렬한 지지를 끌어낸다.

1939년 9월 1일, 독일은 폴란드로 진군을 감행했고 이에 폴란드와 군사협정을 맺은 영국과 프랑스는 9월 3일 독일에 선전포고를 단행한다. 이처럼 2차 세계대전도 앞선 무력충돌의 연장선 위에 있었다.

거듭 얘기했지만 역사를 볼 때는 경제적 시각 중심으로 통합적 접근을 해야 한다. 이때의 무력충돌도 경제적 문제가 발단이 되어 전쟁이라는 극단적인 심리로 확산되었다고 볼 수 있다.

2017~2020년 미국과 중국 간의 1차 무역분쟁에도 이런 면이 있다. 국가든 개인이든 기업이든, 부의 순위가 역전될 때는 위기감과 시기심이 발동하고 우월적 심리가 작동하게 된다. 역사에서 무력충돌이 일어난 시기를 검토해보면 이러한 역전의 시기에 집중되었다는 사실을 알 수 있다. 결정적 시기가 다가오면 힘의 세력화가 일어난다. 내 편인가, 남의 편인가. 무력충돌은 이처럼 질서의 재편을 둘러싼 상호대결 직전의 '사전작업'이라고 볼 수 있을 것이다.

더 어려운 것은 전쟁을 종료시키는 강화조약이다. 2차 세계대전은 1차 세계대전에 따른 강화조약의 연장선에서 이해해야 한다. 승자와 패자 사이에 감정의 골이 깊이 파이고, 이것이 경제적 상황과 맞물려 폭발음을 낸 것이다.

투자를 하려면 전쟁에 대해서도 많은 것을 알고 있어야 한다. 전쟁의 발생은 모든 투자자산의 가격을 일시에 냉각시키며, 그러한 전쟁을 막을 핵심적 방어책도 전쟁 심리를 이해해야만 알 수 있기 때문이다. 무력충돌은 어떻게 발생하는지, 강화조약 체결 시에 국가 간 심리는 어떻게 전개되는지 등, 역사와 경제의 변곡점에서 펼쳐지는 인간 심리를 종합적으로 이해해야만 사회의 변동을 정확히 알아챌 수 있을 것이다.

꼴찌가 일등으로 '대반전'

경제사 속 일본의 한 방, '시간원리를 거역하라'

투자와 비즈니스에서는 문화적 실체에 대한 이해도 중요하다. 투자를 결정할 때 혹은 비즈니스를 할 때 문화적 배경이 핵심이 되는 경우가 종종 있기 때문이다.

일본을 해석하는 문화적 키워드로 많은 사람들이 '은밀성'과 '이중성'을 거론하는데, 경제사를 통해 이 문제를 짚어보자.

에도 막부의 다이묘 통제

일본의 경제가 괄목할 만한 성장을 이룩한 것은 에도 막부 시절(1603~

1868)이었다.

역사적 기록에 사무라이는 '모시는 사람', 보통 '시(侍)'라는 말로 등장한다. 하지만 이 말은 거짓이다. 사무라이는 태생적으로 '위협하는 자'라고 해야 맞을 것이다. 왜 '위협하는 자'를 '모시는 자'라고 부르는 것일까?

시각을 조금 달리하여 사무라이에게 월급을 주는 다이묘(大名, 10세기에서 19세기에 걸쳐 일본 각 지방을 다스린 영주)의 입장에서 보면 해석이 달라질 수 있다. 다이묘는 번(藩, 일본의 영주가 다스리던 영지)의 통치 수장으로서 사무라이들에게 숭상의 대상이었다. 다른 쇠락한 다이묘를 물리쳐서 관할 영지를 넓히는 공을 세우기라도 하면, 다이묘는 사무라이에게 풍성한 대접을 했다. 강탈한 영지를 일부 떼어주고, 독립 다이묘로 분리시켜주기도 했다.

그런데 1603년 에도 막부의 등장은 사무라이의 지위를 바꾸어놓는다. 도쿠가와 이에야스가 쇼군(將軍)에 오르자, 그에 기여한 사무라이들은 거대한 영지를 받았고, 번의 수장으로서 다이묘에 등극했다. 이들 260명의 다이묘는 쇼군에게 머리를 조아렸다. 쇼군은 다이묘를 거느리고, 다이묘는 사무라이를 거느리는 철저한 피라미드 체제였다.

그러나 사무라이의 힘이 점차 커지면서 점차 강력한 규제가 필요하게 되었다. 이들이 쇼군의 목을 단숨에 베어버리고 언제든지 자리를 차지할 가능성이 있기 때문이었다.

일본인들은 철저하게 이중적인 태도를 취하는 것으로 알려져 있다. 그리고 일본의 은밀성과 이중성이라는 특징은 사무라이의 폭력성과도 그 궤를 같이한다고 볼 수 있다. 이것은 거슬러 올라가면 결국 처절한 두려움에서 비롯된 특성이라고 할 수 있다.

전국을 통일한 도쿠가와 이에야스 가문은 대를 이어 쇼군에 오른다. 아버지가 죽으면 아들이 오르고, 아들이 죽으면 손자가 등극한다. 칼

도쿠가와 이에야스의 에도 막부는 다이묘를 통제했다.

을 통해 겨뤄본 적이 없는 엉터리 칼잡이까지 쇼군에 오르게 되니, 한편으로 걱정이 커질 수밖에 없었다.

'칼끝으로 다이묘가 대들면 어떡하나.'

약 260명의 다이묘를 어떻게 다루어야 할까? 쇼군은 다이묘들이 앞에서는 굽신거리더라도 뒤돌아서면 언제든지 칼을 휘두를 수 있다는 것을 알기에 노심초사했다. 이때 활용된 방법이 계층을 더 세분화하는 것이었다. 지위가 낮은 다이묘에게는 쇼군을 알현할 수 있는 권리조차 주지 않았고, 쇼군을 알현할 수 있는 다이묘는 하타모토(旗本), 알현할 수 없었던 다이묘는 고케닌(御家人)이라고 구분하여 관리했다. 그리고 여기에서 그치지 않고 더욱 완벽한 통제방법을 고민한다.

"막 휘두르는 칼은 무사의 표준이 아니다."

결국 무가제법도(武家諸法度)를 통해 무사도의 정신을 법령화한다. 칼을 마구 휘두르지 말라는 얘기이다.

더 나아가 쇼군은 1615년 다이묘에게 오직 한 개의 성만 허용한다. 권력과 힘의 상징인 성을, 다이묘 한 명당 하나 이상 가질 수 없도록 한 것이다. 또 말을 잘 안 듣는 다이묘에게는 트집을 잡아 영지 면적을 줄이는 감봉, 자신의 토착 기반과 먼 지역으로 전출시키는 전봉 등으로 다스렸다.

1634~1635년 참근(參勤) 교대제도도 같은 맥락에서 등장했다. 이것은 다이묘의 처와 자식은 에도(현재의 도쿄 지역)에 거주하고, 다이묘는 1년씩 영지와 에도에 각각 교대로 머물러야 하는 제도였다. 가족을 볼모로 잡아 쇼군에 대들 수 없도록 한 것이다.

예전의 경우 다이묘와 그 가족의 독립적 거주 영지는 쇼군에게 실로 위협적이었다. 다이묘가 연합하여 반역을 하거나, 영향력 있는 다이묘 중심으로 무력이 집중되면 쇼군은 허수아비가 될 수 있었다. 그러나 이제는 다이묘가 반역을 도모한다면 처와 자식이라는 '준비된 급소'를 이용할 수 있었기에, 볼모제도는 막부를 장기간 지킨 제도가 되었다.

배반을 막을 묘안은 끝이 없었다. 영지의 성을 개축하거나 수리하는 경우에도 반드시 쇼군의 허가를 받도록 했으며, 다이묘 간에 친하게 지내는 것 또한 통제했다. 다이묘가 에도 거주기간 중에 급한 일로 영지로 내려가고 싶어도 쉽지 않았다. 주요 길목마다 검문소를 만들어 엄격히 통제했기 때문이다. 다이묘라고 거들먹거려도 칼을 찬 쇼군의 직할 무장병력은 통행 검문소에 줄지어 버티고 머리를 굽히지 않았다. 아마 다이묘와 그 사무라이들이 대들기를 은근히 원했는지도 모른다. 다이묘는 이렇게 임시휴가증 없이는 아무 곳도 갈 수 없는, 족쇄를 찬 것과 같은 신세가 되었다. 막부는 다이묘뿐만 아니라 모든 통행인을 일일이 통제했다. 정통성이 부족하거나 강압적으로 권력을 꿰찬 정권이 일반적으로 사용하는 술책이다.

아무튼 중앙의 막강한 쇼군이 이처럼 다이묘를 엄격히 통제하자 다이묘들 간의 충돌도 잠잠해졌고, 덕분에 에도 막부는 오랜 기간 평화를 유지할 수 있었다.

떠오르는 상업

쇼군이 이처럼 거주와 이동을 통제하자 다이묘 간의 상호 친밀성은 급격히 줄어들었다. 시간이 흐르면서 다이묘 간의 공감대는 옅어지고, 충성 경쟁이 주된 이슈가 되었다.

막부 정권은 여기에 은밀한 전략을 추가한다. 다이묘들이 에도 거주로 인해 분명 엄청난 비용을 쓰게 될 것이라는 계략이었다. 다이묘는 혼자 에도에 거주한 것이 아니라 자신의 번에 소속된 사무라이 및 가신들과 함께 머물렀다. 왜 그랬을까? 돈은 많이 들지만 다이묘도 가신과 사무라이의 배반이 두렵기 때문에 동반 거주를 택한 것이 아니었을까? 그리고 이로 인해 다이묘의 재정적 상황은 급속하게 악화된다.

막부시대 이전에는 다이묘가 소황제나 진배없었다. 일본의 역사에서 다이묘라고 하면 번의 주인으로서 서유럽의 영주를 떠올리는 사람이 많다. 하지만 서유럽의 영주보다 다이묘의 권한이 더 컸다. 군사력을 포함하여 정치와 경제적 권한을 모두 움켜쥐고 있었으니, 작은 국가의 국왕이나 마찬가지라고도 할 수 있을 정도였다. 당시 외교적 권한을 제외한 모든 권력은 다이묘의 칼끝에서 나왔다.

다이묘는 경제적으로도 막강한 권한을 가지고 있었다. 이들은 농부가 산출해내는 수확물의 30% 가까이를 거두어들였는데, 자신과 가족을 위해 상당한 부분을 떼어놓고 그 나머지를 사무라이 및 가신들에게 재분배했다.

하지만 쇼군의 계략대로 다이묘와 사무라이의 재정적 기반은 점점 축소되었다. 다이묘와 가신, 사무라이들은 에도와 영지를 오가며 돈을 헤프게 썼다. 쇼군의 통제로 더 이상 권력도 마음대로 행사하지 못했고, 가족과도 떨어져 지내는 신세가 되자 분명 분노가 부글부글 끓었을 것이다. 전국시대 때는 다이묘의 세상이었지만, 이제는 먼 나라 얘기였다. 번으로 가는 길에도 강, 다리 등 중요 지점마다 무장병력이 버티고 통행을 가로막아 통행료를 내야 했다. 이렇게 다이묘에 대한 쇼군의 금고털이가 착착 진행되었다.

다이묘들은 답답한 마음을 가신들과 한바탕 잔치를 벌이는 것으로 풀기도 했다. 에도시대의 주요 도로로서 현재 도쿄에서 교토까지 이어지는 약 500㎞의 옛 거리, 즉 도카이도(東海道)는 이때 형성된 상업의

에도시대, 다이묘 행렬과 상인들의 모습.

거리이다. 260여 곳의 영지에서 올라온 가신들은 유동인구로 넘쳐나는 이 거리를 패거리로 몰려다니면서 돈의 효용을 만끽했다.

그런데 돈이 떨어지면 무슨 일이 벌어질까? 칼을 찬 공인들의 구걸 방법은 아주 특이했다. 먼저 칼로 말을 걸었다. 그리고 막부시대, 상대적으로 부의 축적이 쉬웠던 농부와 상인이 종종 표적이 되었다.

1638년 에도 막부는 쇄국정책을 단행하는데, 이는 국내의 상업과 유통업을 획기적으로 성장시키는 계기가 되었다. 상인들의 부는 점점 늘었고, 다이묘와 사무라이들은 점점 가난해졌다.

대외무역이 봉쇄될 때 가장 쉽게 돈을 버는 방법은 무엇일까? 거부를 이룬 상인들은 고리대금업을 겸했는데, 다이묘와 사무라이들은 고리대금업자의 최대 고객이었다.

"금고를 탈탈 털어라."

다이묘와 사무라이들은 막부 정권 핵심 전략의 확정된 희생물이었다. 금고에 돈이 떨어지면 막부는 '준비된 한 방'으로 결론을 낼 것이다.

때때로 상인과 사무라이들은 서로 결탁을 도모하기도 했다. 상인들의 곡물 유통에 특혜를 주고, 대신 자금 대출에 결정적 편익을 제공하기도 했다. 하지만 고리대금업자, 상인, 거대한 부의 소유자들은 기본적으로 다이묘와 사무라이와의 거래를 탐탁지 않게 여겼다. 거절하고 싶은 상황인데 칼끝을 슬며시 내미는 경우, 어떤 방법으로 회피해야 할까? 어떤 상인들은 배신 혹은 지급거절이라는 뼈아픈 고통을 당해야 했다. 이런 상황에서 일본인들의 이중적 태도는 불가피한 습관이 되었다. 돈이 있음에도 불구하고 처지와 형편을 속여야 했던 것이다. 의사

표시를 마음대로 할 수 없는 막부시대의 억압은 일본인의 피에 그대로 배어든다.

고리대금업, 목숨을 내놓다

상인들은 종종 진퇴양난의 위기에 빠지곤 했다. 기록에 의하면, 세계 역대 50대 거부 중 한 명이자 오사카를 일본의 대도시로 만드는 데 결정적 역할을 수행한 18세기의 일본 상인 요도야 타츠고로(淀屋辰五郎)의 재산은 결국 다이묘와 막부의 연합으로 몰수된 것으로 알려져 있다. 사회적 신분에 걸맞지 않게 부유하게 산다는 트집을 잡혀 재산이 몰수되었다고 한다. 그런데 그 진짜 이유가 너무나 많은 다이묘들에게 막대한 돈을 대출해주었기 때문이라면 믿겠는가?

당시 상인과 고리대금업자들에게 대출은 부를 이루는 수단이자, 한편으로는 목숨을 위협받을 수 있는 위험한 상품이기도 했다. 대출 규모가 점점 쌓여 임계점을 넘어서면 칼끝이 이처럼 사람을 노렸다.

쇼군과 막부의 교묘한 술책은 교토에 있는 일왕까지도 술수의 대상으로 활용했다. 왕조를 말살하는 것이 아니라, 살려두되 철저하게 유폐시킴으로써 반발을 최소화했다. 일왕과 그의 가족, 그리고 신하들을 쇼군의 지배 아래에 있는 교토 소재 성과 사원에 감금시킴으로써 다이묘의 반발을 무마시켰다.

물론 쇼군에게 왕은 이미 감사와 존경의 대상이 아니었다. 왕을 없애면 자신에게 불리하니, 존재시키되 유폐라는 술책으로 가두어둔 것이다. 합법적 통치자인 일왕의 존립은 실질적인 통치자인 쇼군이 정통성을 유지할 수 있는 핵심 연결고리였기 때문이다. 물론 역사의 기록은 그것을 그대로 보여주지 않는다. 왕이 독립된 호젓한 공간에서 시와 풍류, 환대와 종교 행위, 화려한 고립과 융성한 대접을 즐기며 실질적 통치권을 쇼군에게 위임했다고 그럴듯하게 합리화한다. 그러나 그 실체는 왕조의 단절이며, 위임이라고 말하지만 강탈이나 다름없었다.

당시 쇼군이 정권을 잡으면서 정치의 중심지는 교토에서 에도, 즉 지금의 도쿄로 바뀐다. 이에 사람들의 의견은 분분했다.

"에도로의 천도(遷都) 아닌가."

수도의 변경은 부동산 가격이 요동치는 절대적 요건이 된다. 정말로 수도가 변경되는 것이라면 에도의 부동산은 폭등해야 하고, 교토의 부동산은 폭락해야 한다. 따라서 에도 막부는 천도를 강력히 부정한다. 왕을 에도가 아니라 교토의 사원에 유폐시키고, 교토를 위한 지역개발 자금 명목으로 상당액을 교부하는 것으로 결론을 낸다. 이렇게 쇼군과 막부는 보이는 외형 뒤에 실체를 교묘히 은폐했으며, 그들의 술책과 칼끝은 그대로 먹혔다.

이에 반발하고 싶었지만 명분이 약했던 다이묘와 사무라이들은 에도 막부가 성립된 지 230년째인 1831년, 쇼군의 술책으로 극단적 상황에 내몰리자 더 이상 가만히 있을 수 없었다. 결정적 국면이 반전을 만들어낸 것이다.

그림자, 태양을 품다

1831년 당시 다이묘들의 재정은 이만저만 어려운 것이 아니었다. 에도와 영지를 오가는 이중생활에도 서서히 지쳤고 실질적 위기를 맞은 상황이었다. 특히 사쓰마 번(현재의 가고시마 현)은 에도에서 가장 멀리 떨어진 번이어서 이동에 따른 비용도 갑절이었다. 사쓰마 번에는 사무라이들이 유난히 많았는데, 기록에 따르면 당시 사무라이 비율은 평균적으로 인구 대비 17명 중에 1명이었지만, 이곳은 3명 중 1명이 사무라이였다. 사쓰마 번의 수장인 다이묘는 재정 악화에 시달릴 수밖에 없었고, 급기야 가신들의 월급도 1년 이상 미루게 되었다.

사쓰마 번의 다이묘와 가신들은 대출을 받으려고 오사카의 금융회사를 찾았다. 그렇지만 수많은 금융회사들이 대출을 거절했다. 결국 사쓰마 번의 수장 다이묘는 1831년 상인, 고리대금업자 및 금융회사들에게 채무 불이행을 선언한다. 실로 충격적인 선언이었다. 오사카와 에도 상인들이 쥐고 있던 사쓰마 번의 채권이 한순간 휴지조각이 된 것이다.

그런데 1856년이 되자 놀랍게도 상황이 완전히 역전되었다. 사쓰마 번의 비었던 금고에 돈이 넘쳐 흐르는 '대반전'이 일어난다. 상인들과 금융회사들이 서로 돈을 빌려주겠다고 몰려들었다. 도저히 믿을 수 없는 일이었다.

대반전의 기회는 정말 의외의 것에서 일어났다. 일본의 중심지였던 에도에서 멀리 떨어진 사쓰마 번은 위치적으로 특별한 곳이었다. 명목

사쓰마 번은 지리적 이점으로 인해 무역이 활발했다.

상 중국령인 류큐 섬(현재의 오키나와 섬)을 실질적으로 지배함으로써 수지에 맞는 밀수 행위를 하고 있었다. 그런데 이 번의 수장인 다이묘는 해양성 기후의 영향으로 이곳이 사탕수수 재배에 최적지라는 것을 깨닫고 승부수를 던진다. 사탕수수가 번에 부와 번영을 가져올 것이라고 생각하고, 더 많이 심도록 명령을 내렸던 것이다. 또 품질이 나빠 검사를 통과하지 못한 농민들에게는 처절한 대가를 치르게 했다.

출하가격은 어떻게 정했을까? 기준이 되는 기존 가격이 없었기에 적당히 내다 팔았다. 원가 대비 2~5배로 가격을 책정해도 되었다. 사쓰마 번의 다이묘는 다른 다이묘들의 부러움을 한몸에 받았다.

사쓰마 번은 사탕수수 경작만으로 만족하지 않았다. 더 나은 품종의 목화씨를 보급하기 시작했고, 성능이 뛰어난 물레와 베틀을 구입하여 면직물 생산량도 대폭 늘려갔다. 결과적으로 면 제품의 가격이 절반으로 하락하는 부작용이 발생했지만, 실질적 영향은 그리 크지 않았다. 또한 사쓰마 번은 막부가 용인하지 않은 일에도 적극적으로 나섰다. 외제 무기와 함정을 구입하여 군사력을 대폭 향상했고, 경제발전 계획과 실행에도 앞장섰다. 1855년에는 바다에 증기선을 띄울 정도로 탁월한 조선기술을 갖췄고, 1867년에는 기계화된 면직물 공장도 설립했다.

1868년 일본은 다시 정치체제의 변경을 시도한다. 메이지 유신을 통해 장기집권으로 쇠락해가고 있던 에도 막부를 무너뜨리고, 실질적 권한이 부여되는 일왕 체제로 복귀한 것이다.

막부시대의 작은 번인 사쓰마 번에서 일어난 이러한 '대반전'은 일본의 산업 성장에 귀중한 토대가 된다. 또 이는 일본사에서 매우 중요한 국면이기도 하다. 기록에 따르면, 당시 새로운 유럽식 공장과 기계를 다룰 수 있는 잘 훈련된 노동력은 모두 사쓰마 번과 조슈 번(현재의 야마구치 현) 출신이었다고 한다. 그리고 번의 꼴찌가 일등으로 올라서면서 일본은 자신감을 찾고 이후 놀라운 경제성장을 하게 된다.

한 국가의 문화를 정확하게 읽기 위해서는 이처럼 역사와 경제적 시각이 중요하다. '민낯'과 '마스크'로 구별되는 일본인들의 이중적인 속성은 역사를 통해 이어졌던 한숨 소리 때문으로 해석해야 할 것이다.

핵심 재화를 둘러싼 좌절과 노림수

가격변동은 실체의 겉옷이다

현대 세계 질서의 흐름 속에서 석유는 분명 '대반전'의 중심축이다. 흔히 국가 주권의 핵심요소로 국방, 에너지, 식량을 꼽는다. 이 중 에너지에 속하는 석유는 대표적 핵심 재화(Critical Core Goods, 기술 포함, 이하 '핵심 재화'라 칭함)이다.

국가의 핵심 재화의 종류는 앞으로 점점 늘어날 가능성이 높다. 세계의 질서가 그만큼 복잡하게 변화하고 있기 때문이다. 미국과 중국의 무역전쟁을 보라. 반도체 및 5G 기술까지 그 범위가 확대되고 있지 않은가.

핵심 재화가 어떻게 세계 질서를 움직이는지, 가격이 어떻게 형성되고 수익이 배분되는지 정확하게 인식해야 한다. 핵심 재화의 가격은 단순히 공급과 수요의 법칙에 의해서만 결정되지 않으며, 힘과 음모 등이 미묘하게 얽혀 복잡한 상황을 만들어내기도 한다.

에너지 정책의 변곡점

역사적으로 보면 미국의 외교정책은 세밀하고 정교했다. 그러나 요즘 쏟아내는 정책의 외형은 예전과는 사뭇 다르다. 2018년 이란의 일방적인 핵협정 탈퇴를 이유로 경제제재를 가했고, 2020년 초에는 이란 군부의 실세인 솔레이마니 암살을 자행했다. 또한 2020년 초 트럼프 전 대통령은 예루살렘을 이스라엘의 수도로 인정하는 중동평화구상을 발표해 팔레스타인의 반발을 일으키기도 했다.

국가와 개인의 행동은 어떤 때는 빈곤의 시각으로, 어떤 때는 풍요의 시각으로 해석해야 한다. 의식주를 해결할 수 없는 극도의 빈곤은 사람을 위축시키며, 이런 경우 다른 것에 대한 관심과 욕망은 사치가 된다. 미국도 동일했다. 미국이 석유와 관련하여 절박하게 내몰렸던 시기로 돌아가 살펴보면, 보이지 않던 많은 것들이 보인다.

미국 에너지 정책의 변곡점은 매우 특별하다. 첫 번째 변곡점은 1968년에 있었고, 두 번째 변곡점은 2018년에 발생했다. 변곡점은 두 가지를 동반한다.

"하나는 외교정책의 획기적 변화를 불러오고, 다른 하나는 석유 가격의 대반전을 가져온다."

석유 정책에 대한 미국의 기본적 기조는 공포에서 출발한다. 과거에 미국의 입장에서 사우디아라비아는 '젖과 꿀'이 넘치는 국가였고 부러움의 대상이었다. 모든 나라의 석유가 완전히 고갈되어도 사우디아라비아는 무려 30년을 더 채굴할 수 있는 산유량을 가졌다고 알려져 있다. 여기에서 미국과 사우디아라비아의 각별한 친교가 시작된다.

1933년, 미국은 사우디아라비아에 석유 채굴회사를 합작 설립하자고 제안한다. 세계에서 가장 큰 정유회사이자 2020년 1월 기준 세계 시가총액 1위인 사우디아라비아의 아람코(ARAMCO, Arabian-America

사우디아라비아 국영 석유 · 천연가스 회사인 아람코 본사.

Oil Company)는 이렇게 역사에 등장한다. 미국 정유회사인 스탠다드오일 오브 캘리포니아가 사우디아라비아 정부의 채굴 허가를 받아 자회사로 처음 설립했으며, 이후 다른 미국 정유사들이 참여한 형태였다.

미국은 '50:50 협정(Fifty-Fifty Agreement)'에도 앞장서서 체결한다. 예전의 경우 채굴국가가 수익을 더 많이 가져갔고, 산유국에는 적은 수익을 배분했다. 얼핏 생각해보면 산유국이 더 많은 수익을 가져야지, 왜 채굴 국가가 더 많은 수익을 가져갔을까 하는 의문이 들 수 있다. 이는 해당 국가 간의 문제이면서 결국 투자의 문제였고, 세계 질서의 문제였다.

투자자는 산유국이 소지한 채굴권을 전제로 투자를 단행할 수 있을까? 더 나아가 산유국이 기존에 준 석유 채굴권을 거부한다면 투자자가 투자금을 건질 수 있을까? 만약 투자 완료 후 설비를 완성하고 2년 정도 채굴을 했는데, 채굴권이 원천적으로 거부된다면 투자자가 취할 수 있는 법적 조치는 무엇일까?

막대한 투자는 그것을 뒷받침할 법적 장치를 요구한다. 설사 서류가 완벽하더라도 산유국이 이를 번복한다면 투자협약은 바로 '분쟁의 확약서'가 되어버릴 것이다.

이처럼 많은 문제점이 있음에도 영국은 이란에 투자를 결정하고, 미국은 사우디아라비아에 투자를 단행한다. 이란은 앵글로-페르시아에서 이름을 바꾼 앵글로-이란 석유회사(Anglo-Iranian Oil Company), 즉 현재의 BP(British Petroleum)를 설립하고, 미국은 앞에서 말했던 아람코를 설립한다. 그런데 이런 막대한 투자도 채굴권이 거부된다면 결국 무용지물이 될 것이다. 투자국 입장에서는 법적 안전장치가 중요해지고, 이때 법적 권리에서 영토적 관할권은 무시된다.

"채굴권은 아람코와 BP가 각각 소유한다."

만일 영토를 실효적으로 지배하는 국가가 무력으로 채굴시설을 점령한다면, 막대한 투자금액도 휴지조각이 되고 만다. 합의서에 도장을 찍었고 채굴권이 아무리 회사에 귀속된다고 하더라도 영토의 실효적 지배는 국가의 관할이다. 만약 막강한 군사력을 과시라도 하듯 포탄 한 방이라도 발사한다면 투자설비는 일순간에 박살 난다.

"최악의 경우 어떻게 되는가."

당시 미국과 영국은 상대방이 덤비면 강탈하겠다는 자신감을 가지고 있었다고 보아야 한다. 세상의 질서에는 명분이 필요하다. 한 국가나 정권이 막대한 투자를 박살 내면 비난의 대상이 되고, 군사력과 세계 여론이 지원군이 된다. 어쩌면 영국과 미국은 채굴 지역이 차라리 화염에 휩싸이기를 기원했을지도 모른다.

영국은 미국과 함께 교묘하게 중동을 제압하기 시작한다. 1917년의 이스라엘 건국 선언인 밸푸어 선언(Balfour Declaration)이 그 출발점이었다. 현재 거주민의 권리를 무시하고, 이스라엘의 건국을 돕겠다는 영국의 은밀한 의도는 무엇이었을까?

핵심 재화인 에너지와 부의 눈으로 세계를 보면 희미하게 보이던 사안들이 비로소 뚜렷하게 보인다. 중동은 결국 팔레스타인 문제로 분쟁의 중심에 서게 된다. 영국이 현재 거주민인 팔레스타인인들의 권리를 무시하고 마음대로 국경을 그은 것은, 유대인 자본과 미국을 끌어들이

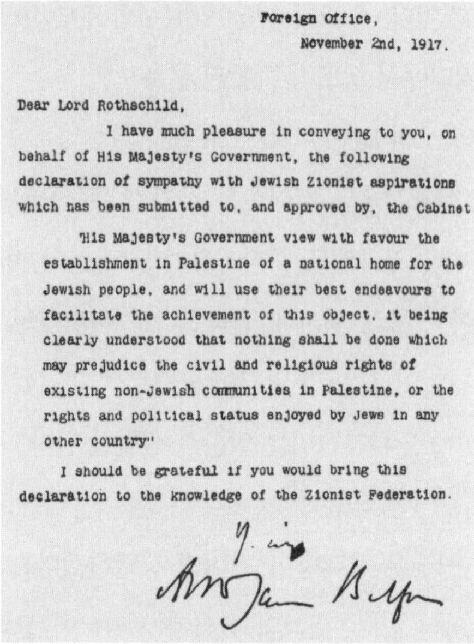

Foreign Office,
November 2nd, 1917.

Dear Lord Rothschild,

I have much pleasure in conveying to you, on behalf of His Majesty's Government, the following declaration of sympathy with Jewish Zionist aspirations which has been submitted to, and approved by, the Cabinet

"His Majesty's Government view with favour the establishment in Palestine of a national home for the Jewish people, and will use their best endeavours to facilitate the achievement of this object, it being clearly understood that nothing shall be done which may prejudice the civil and religious rights of existing non-Jewish communities in Palestine, or the rights and political status enjoyed by Jews in any other country"

I should be grateful if you would bring this declaration to the knowledge of the Zionist Federation.

1917년 밸푸어가 로스차일드에게 보낸 편지. 밸푸어 선언이 들어 있다.

려는 고도의 술책이 깔려 있었다.

영국은 20세기 중반까지 중동 지역에서 막대한 영향력을 행사했고, 그 대가로 석유 질서를 장악했다. 역사가들은 이를 '처칠의 결단'이라고 한다. 석유를 기반으로 한 해군력의 신속한 전환, 즉 영국 함대의 연료를 석유로 확실히 전환하여 시장에서 주도권을 잡으려 했던 처칠의 판단은 틀리지 않았다. 중동이 세계의 '화약고'로 변한 이유이기도 하다.

수익배분의 구조 변화

기록에 따르면, 영국은 1945년부터 1950년대까지 이란에서의 석유 채굴을 통해서 2억 5천만 파운드의 수익을 올린 반면, 이란은 로열티로 겨우 9천만 파운드의 수익만을 가져갔다. 영국이 대략 3배나 많은 몫을 챙긴 것이다.

수익분배를 정확히 이해하기 위해서는 투자의 일반적 약정관계를 알아야 한다. 일단 채굴회사의 주요 자산은 석유 채굴권 행사에 필요한 채굴 설비와 장치들이다. 영국과 미국은 각각 BP와 아람코의 설립을 위해 자본의 거의 100%를 투자했으며, 산유국인 이란과 사우디아라비아는 이들 회사에 채굴권을 준 대가로 거의 무상으로 지분을 받았다. 결국 한쪽은 자본을 대고, 다른 쪽은 채굴권을 회사에 양도하는 공동사업 형태이다.

공동의 사업은 유리한 면이 많은데, 무력행위가 발생하더라도 재무적 책임을 공동으로 지게 되기 때문이다. 반면 불리한 점은 수익분배나 회사 경영에 이견이 생기면 조정자가 없다는 점이다.

1968년 미국은 파리에서 열린 OECD 회의에서 "미국 내의 원유 생산능력을 100% 완전 가동할 것"이라고 역사적 선언을 했다. 그동안 미국은 석유 공급량을 인위적으로 조정하여 수요에 비해 공급량이 충분하다는 신호를 보내며 시장을 안심시켜왔다. 즉, 정제 및 채굴 시설을 100% 가동하지 않고, 석유 공급을 수요에 맞추었다. 만약 석유 공급량이 모자란다는 의구심이 들면 시장, 특히 산유국이 가만히 있지 않을 것이기 때문이었다. 간혹 국제 원유가격이 폭등할 기미가 보이면 미국은 놀리던 채굴과 정제 시설을 긴박하게 가동시켰다. 결국 놀리던 석유 정제 설비는 비상시국을 감안한 예비시설이었던 것이다.

그런데 이 선언에 따라 이제까지 미국이 시행하던 석유 수입물량과 생산물량의 조정정책이 철폐되었다. 이는 국제 원유가격이 폭등할 수 있는 전조였다. 1973년과 1978년의 오일쇼크는 아무런 예고 없이 발생한 것이 아니다. 하지만 이 시기 어떤 이는 재빨리 오일쇼크를 예상했지만, 어떤 이는 아무런 눈치도 채지 못했다. 투자자가 역사와 사회현상을 주시해야 하는 이유가 바로 이것이다.

미국의 생산능력 조정을 통한 완충 역할이 사라지게 되자, 시장은 충격에 휩싸였다. 또한 기존 질서가 붕괴하면서 다양한 변화가 뒤따랐다. 산유국과 채굴기업의 수익배분 기준인 50:50 원칙도 도마 위에 올랐다. 석유의 수요가 공급량을 앞지르는 현상이 실제로 발생하자 수익배분 비율을 바꾸려는 정권도 등장했다. 1969년 리비아의 무아마르 알 카다피는 훨씬 잘사는 나라를 만들겠다며 쿠데타를 통해 권력을 장악하고, 영국과 미국이 정한 50:50의 수익배분 원칙에 반기를 들었다. 그들은 리비아에 진출해 있던 미국 석유회사 옥시덴탈 사를 위협했다.

"우리 영토에서 석유가 솟아나는데, 수익배분이 50:50인 이유가 무엇인가?"

호락호락 수긍할 리 없었던 옥시덴탈은 못 들은 척했다.

"계속 그렇게 버틴다면 상응하는 대가를 치르게 해주겠다."

카다피는 리비아 소재의 미국 자산을 모두 국유화하겠다고 나섰고,

1969년 리비아에서 열린 아랍 정상회담 모습. 리비아의 카다피는 영국과 미국의 50:50 수익배분 원칙에 반기를 들었고, 이후 국제유가가 크게 상승하게 된다.

리비아 정부의 몫은 55%로 상향조정되었다. 카다피 정권이 2011년까지 무려 42년 동안 장기집권을 할 수 있었던 비결도 따지고 보면 국가의 수익을 개선시켰다는 공로 때문이다.

겉으로 드러난 사건은 폭거에 의한 수익배분 비율의 변경이지만, 안을 자세히 들여다보면 미국의 정책변화를 정교하게 겨누었던 사건이다. 카다피 정권의 노림수가 통했다고 볼 수 있을 것이다.

정책에 은폐된 미국의 노림수

그렇다면 미국이 가장 두려워했던 최악의 시나리오는 무엇이었을까?

1968년 미국이 OECD 회의에서 원유 생산설비를 완전 가동할 것을 선언하고 텍사스, 루이지애나, 오클라호마에서 유휴시설을 통해 언제라도 석유를 뽑아 쓸 수 있다는 능력을 과시하자, 시장에 그 효과가 발휘되었다. 중동 국가들은 움찔했다. 하지만 곧 석유의 수요량이 공급량을 초과하자 우려했던 일이 현실로 나타났다.

1971년 2월, OPEC의 산유국들과 서방의 24개 석유회사들은 테헤란 협정을 맺고, 원유 1배럴의 가격을 기존보다 35센트 오른 2달러 14센트로 정하고, 매해 2.5%씩 자동으로 인상하겠다고 발표했다. 또 그해 4월에는 트리폴리 협정을 맺어 배럴당 2.5달러에서 4.44달러로 공시가격을 인상했다. 테헤란 협정은 중동지역 산유국, 트리폴리 협정은 지중해 연안 소재 산유국 사이에 이루어진 수익배분 합의이다. 이들 협정으로 수십 년간 지속되어온 50:50 원칙은 공식적으로 종말을 고하고, 산유국의 수익이 55~60%로 늘게 되었다. 석유의 수요량이 공급량을 초과하면서 산유국의 입김이 더 강해진 것이다.

동시에 석유 소유권과 채굴권도 과거 메이저 채굴회사가 소유하던 형태에서 산유국들에게 양도된다. 1973년과 1978년의 석유가격 폭등은 수요량 폭등에 따른 '미국의 항복'에서 기인한 것이었다. 경제 질서는 이렇게 순식간에 혼돈에 휩싸이기도 한다.

앞에서 국가 주권의 핵심요소는 국방, 에너지, 식량이라고 했다. 이

것이 궁핍해지면 국가 경쟁력도 약화할 수밖에 없다. 현재 석유의 수익 배분을 보면 산유국이 70~90%를 가져간다. 그동안 50:50에서 55~60의 역전을 거쳐 70~90%로 대역전이 순차적으로 이루어졌다. 채굴회사 주식도 더 이상 미국 혹은 유럽 회사의 몫이 아니다. 산유국은 자국의 국영석유회사로 변경했고, 석유 채굴에 따른 이익을 거의 독차지하고 있다. 세계 1위 석유회사인 아람코를 보면 1962년 사우디아라비아가 주식의 25%를 소유하고, 1980년 100%를 취득하여 국유화되었다.

한편 미국의 원유 생산량은 2018년 2월 사우디아라비아를 앞섰고, 2018년 8월에는 러시아를 확실하게 제쳐 현재 최대 산유국이며, 중동의 석유 정책에서 서서히 발을 빼고 있다. 미국 에너지정보청에 따르면, 미국의 원유 생산량은 2008년 하루 500만 배럴을 기록한 후 2015년 943만 배럴로 껑충 뛰었다. 2016년에는 국제유가 하락으로 883만 배럴로 소폭 하락했으나, 2017년 935만 배럴로 다시 증가했다(미국이 최대 산유국이 된 이유 중 하나는 셰일오일인데, 뒤에서 별도로 다룬다).

미국의 중동정책은 앞으로도 많이 달라질 것이다. 미국은 석유시장을 지배하고 있으며, 핵심 재화가 '궁핍'에서 '풍요'로 전환될 때 나타나는 자신감을 보이고 있다.

미국의 정책 변화는 '동근이엽(同根異葉, 같은 뿌리의 다른 잎)'이라는 시각으로 봐야 한다. 왜 동일한 뿌리에 다른 잎이 달리는 것일까? 그것은 상황이 변했기 때문이다. 과거 미국 에너지 정책의 밑바탕에는 에너지 부족에 따른 위기감이 있었다면, 현재는 에너지 풍요에 따른 자신감이 함축되어 있다. 전통적 석유 공급자들이 탐욕적으로 덤벼들더라

미국 콜로라도의 셰일오일 추출 시설. 미국의 본격적인 셰일오일 개발로 국제유가가 하락했다.

도 장기적인 국제유가 추세를 이탈시킬 수는 없을 것이다. 왜냐하면 생산성 향상으로 셰일오일의 채굴단가가 계속 낮아지고 있기 때문이다. 2012~2015년에는 셰일오일의 채굴단가가 60~80달러였지만, 최근에는 40~60달러 수준을 유지하고 있으며 더 낮아질 가능성도 배제하지 못한다. 세계 질서의 특성상 단기적 이탈 현상은 가능하지만, 결국 장기적인 추세를 거역하기는 쉽지 않을 것이다.

지금까지 석유를 중심으로 세계 질서의 흐름을 살펴보았다. 앞으로는 다른 핵심 재화의 영향력도 점차 증가할 것이다. 석유가 지난 100여 년 동안 어떻게 세계 질서를 지배했는지를 통해 교훈을 얻는다면 새로운 상황에도 대처할 수 있을 것이다.

'속 빈 강정'과 '화려한 외형'의 공통점

외형은 내면의 왜곡이다

수에즈 운하는 지중해와 홍해를 연결하는 위치에 있다. 지정학적으로도 중요한 위치를 차지하고 있지만, 달리 보면 기구한 운명의 시작점에 놓인 것이라고도 할 수 있다.

두바이는 어떠한가? 화려한 모습의 인공도시에 흐르는 산유국의 고조된 긴장감을 읽어낼 수 있다.

투자와 비즈니스 판단을 내릴 때 가장 중요한 점은 이처럼 눈앞의 상황에 대해 그 이면까지 고려하여 정확하게 판단을 내려야 한다는 것이다.

비운의 수에즈 운하

수에즈 운하는 기가 막힌 지정학적 위치를 가지고 있다. 지중해와 홍해를 연결하며 매일 130만 배럴의 중동 석유를 유럽으로 나른다. 꼬박꼬박 통행료를 받는 국가는 얼마나 좋을까? 그러나 이것은 기구한 운명의 출발점이기도 하다.

1956년, 영국과 프랑스가 연합하고 이스라엘을 끌어들여 세 나라는 과감하게 군사력을 행사해 수에즈 운하를 점령한다. 이스라엘을 끌어들인 이유는 이스라엘이 이 사건에 연루된다면 미국의 대응이 섬세해

1956년 11월 5일, 영국, 프랑스, 이스라엘 3국은 이집트를 공격했다. 수에즈 운하 옆의 석유 탱크가 공격을 받아 연기가 피어오르고 있다.

질 것이기 때문이었다. 한편 소련은 3국의 수에즈 운하 점령에 대해 명확하게 입장을 밝힌다.

"당장 이집트에서 철수하지 않는다면 파리와 런던을 핵으로 공격하겠소."

이에 미국의 아이젠하워 행정부는 연합세력의 편을 든다.

"런던과 파리에 폭력이 깃들면, 소련의 밤하늘에는 폐허의 아침이 찾아갈 것이다."

국가의 이익 앞에 정의는 없었다. 영국, 프랑스, 이스라엘 3국의 행위는 과연 정당했던가.

이집트의 나세르 대통령과 미국의 아이젠하워 대통령의 회담 모습. 나세르 대통령은 수에즈 운하를 국유화했다.

한편 최대의 피해자였던 이집트의 가말 압델 나세르 대통령은 정세를 뒤집을 전략을 모색한다. 이집트 관료들은 묘안을 생각해낸다.

"이 방법은 어떻습니까?"

바위와 시멘트를 가득 실은 선박을 수에즈 운하의 핵심 지점에 침몰시켜버린 것이다. 이로 인해 수에즈 운하는 폐쇄되어야 했고, 유럽은 공포에 휩싸였다.

원유 공급이 단절된다면 어떤 일이 벌어질까? 미국은 인양하는 데 수개월이 걸리는 거대한 장애물의 출현에 중동비상대책위원회를 설치한다. 그리고 아이젠하워 행정부는 거기에서 멈추라고 단호한 의지를 내보였다.

"군사력을 행사한 사람들이 스스로 해결하라."

영국과 프랑스는 막대한 부담감에 휩싸였다. 자신들의 행위로 유럽의 도시들이 암흑으로 변할 수도 있게 생겼으니 말이다. 이에 미국은 다시 압박의 카드를 꺼내든다.

"영국과 프랑스가 당장 군대를 철수시키지 않는다면, 중동비상대책위원회의 활동은 여기서 중단하겠소."

결국 영국과 프랑스는 점령 한 달여 만에 수에즈 운하에서 군대를 철수했다. 석유 제재 위협은 군대의 파병보다 강력한 힘을 발휘했고, 수에즈 운하는 다시 이집트의 소유가 되었다. 또한 국제 질서에서 미국이 압도적으로 부상한 것도 이때부터였다. 수에즈 운하를 둘러싼 국제사회의 거대한 문제를 슬기롭게 해결하자, 세계 경찰로서 미국의 역할에 대한 기대감이 커진 것이다.

미국은 '석유 제재'로 영국과 프랑스 군대를 누른 후 석유를 둘러싼 세계 질서의 중재자로 등장한다. 그리고 2020~2030년에는 핵심적 중재자의 자리에서 서서히 발을 뺄 것이다. 폭력과 테러의 포화 속에서 미국의 노출 위험을 최소화하려는 노력의 일환이다.

그런데 1956년 영국과 프랑스는 왜 군사력으로 수에즈 운하를 수중에 넣었을까? 1875년, 이집트의 수에즈 운하는 영국과 프랑스의 공동 소유로 변경된다. 이집트의 통치자 이스마일 파샤(Ismail Pasha)가 국가 재정이 절박해지자 수에즈 운하의 지분을 극비리에 시장에 매각한 것이다. 이집트 소유의 운하 지분은 시장에서 환영받았고, 영국은 수에즈 운하의 지분 44%를 취득해 운하가 제공하는 막대한 수익을 프랑스와 나눠 갖게 된다.

1952년 이집트에서 가말 압델 나세르는 쿠데타로 왕정을 폐지하고 정권을 잡은 후 1955년 인도네시아 반둥 회의에서 아시아, 아프리카 등 제3세계 국가들과 함께 비동맹주의를 주창한다. 또 영국과 프랑스를 수에즈 운하 수익의 대부분을 가져가는 괴팍한 국가라고 몰아세웠다. 결국 나세르는 아스완 댐 건설자금을 확보하기 위해 영국과 프랑스 소유였던 수에즈 운하를 일방적으로 국유화했고, 이에 영국과 프랑스는 무력행사를 통해 다시 수에즈 운하를 무단 점령했던 것이다.

수에즈 운하의 지정학적 위치는 기가 막히다. 그러나 누구나 아는 보물은 재앙 덩어리가 되기도 한다. 역사에서는 좋은 것이 좋은 게 아니고, 나쁜 것은 나쁜 게 아니다. 그리고 이는 수에즈 운하만이 아니다.

인공도시의 실체

진실은 종종 외형 뒤에 가려 알아채기가 쉽지 않다. 화려한 인공도시 두바이를 건설한 산유국 국민들의 가슴 속에는 긴장감이 있다. 언젠가는 석유가 고갈될 것이라는 긴장감이 세대를 따라 이들의 혈관 속에 파고든다.

"현재 누리는 풍요는 일시적이다."

과학과 기술의 발달로 바다 위에 섬을 만들고, 그 위에 도시를 얹었다. 세계 최고의 빌딩으로 불리는 두바이의 부르즈 칼리파는 높이가 828m에 달한다. 828m의 빌딩은 초속 50m의 강풍이 불어오면 안전을 위해 바람 따라 좌우로 흔들거린다. 최고의 강도는 고정성이 아니라 유연성이다.

두바이 지역은 1960년대 걸프 지역의 초라한 어촌이었다. 중동의 전형적인 산유국인 아랍에미리트는 석유 수출로 번 돈을 종잣돈으로 삼아 서구의 투자은행으로부터 수십억 달러를 빌려 두바이를 영원히 마르지 않는 도시로 만들 계획을 세웠다. 이 거대한 도시계획은 뜻밖의 행운이었고, 유목민들은 하루아침에 '대박'을 맞았다.

기쁨과 긴장은 동일한 현상의 이면이다. 투자 전문가들은 인공도시의 화려함 속에서 비장함을 읽어낸다. 관광객의 방문 수를 높이기 위해 이국적 차별성을 내세우며 위장한 서구 스타일의 멋진 에미리트 힐도 위장된 편안함에 불과하다. 야자수 모양의 섬, 웅대한 공항, 눈을 형상화한 공원, 거대한 쇼핑센터, 차별적인 공연장과 사파리 등도 미세한

두바이의 부르즈 칼리파. 버즈 두바이라고도 하며 세계 최고 빌딩이다.

오류가 발생하면 오작동하고, 무너져 내리면 결국 폐허가 될 수 있다.

화려함 속에 긴장감이 배어 있고, 떨림의 긴장 속에 화려함이 깃든다. 인공도시 두바이는 절박함이 만들어낸 각고의 예술품이라고 할 수 있다. 긴장감이 인공도시를 만들었고, 이런 원리는 투자와 삶에도 그대로 적용된다.

전문가들은 투자의 정의를 다음과 같이 말한다.

"현상과 행위 속 은폐된 불균형의 이해가 투자의 핵심이다."

불균형은 투자대상

2030세대에게는 조바심과 불안감이 상존한다. 코로나19와 경기침체로 한국 경제의 엔진이 식어가고 있기 때문이다. 하지만 그러한 긴장감이 또 다른 성과를 가져올 수도 있다. 긴장감 없는 취득은 결핍이 주는 삶의 고귀함을 모른다. 현재의 불안 뒤에 찾아오는 본질을 낚아채야 한다. 투자를 결정할 때 중요한 것은 정확한 판단력이다. 비장함을 화려함으로 예단하거나, 비운의 숙명을 화려한 운명으로 잘못 판단한다면 결정적 착오를 일으킬 수 있다. 투자의 시각으로 바라보면 좋은 것은 좋은 것이 아니고, 나쁜 것은 나쁜 것이 아니다. 앞에서 말했듯, 투자는 외형과 내면 사이 '불균형'의 틈새를 발견하는 것이다. 외형과 내면 사이의 불균형과 틈새를 간파하고, 숨어 있는 본질을 찾아낼 수 있어야 할 것이다.

특정 유형자산에 대한 지독한 끌림

마법의 유형자산에 주목하라

신대륙 미국은 유럽과 달리 신분제도를 뛰어넘을 수 있었던 유일한 국가였지만, 인간의 심리는 그것을 허락하지 않았다. 19세기 미국 역시 노예제도를 근간으로 거대 자본을 축적했던 것이다.

그런데 최근 벌어지고 있는 현상을 살펴보자. 각국은 인공지능 개발에 엄청난 자본을 투자하고 있다. 인공지능 알고리즘과 노예제도는 자본의 축적과 투하만 다를 뿐 동일한 인간심리의 응축을 보여준다.

제도의 발원, 카리브 경제

기록에 따르면 16세기 초부터 19세기까지 무려 300여 년 동안 1,200만 명이 넘는 아프리카인들이 아메리카 대륙으로 노예로 끌려왔다.

"좋은 투자물건이 있어요. 이제 환상적인 수익률을 누리시오!"

예전의 경우 생산이 있으면 수요가 말썽이었고, 수요가 된다 싶으면 생산능력이 문제였는데, 이 시기에는 사탕수수와 커피를 재배하여 내다 팔면 그대로 돈이 되었다. 생산과 수요가 맞물려 돌아가니 수익이 하늘을 찔렀다.

카리브 해역의 대규모 농장(plantation)은 이렇게 역사에 등장했다.

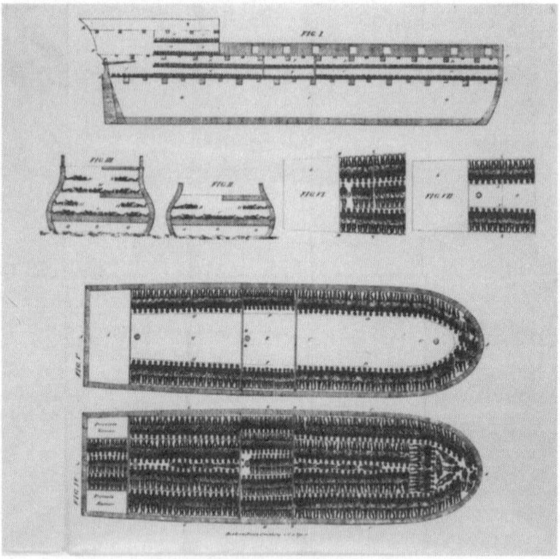

노예선 설계도.

아메리카 대륙 노예제도의 전형적인 형태가 이곳 남미 카리브 해의 농장에서 시작되었다. 한편 미국 노예제도의 공식적 기원은 사우스캐롤라이나주로 알려져 있다.

노예제도와 결합해 생산된 사탕수수와 커피는 엄청난 규모로 유럽에 수출되었다. 공장 운영에 필요한 자본을 유럽의 투자자들이 분담하고, 노예들이 이 노동을 고스란히 부담하는 꼴이었다. 혹독한 노동으로 사탕수수 플랜테이션 노동자의 사망률은 매우 높았고, 당시 전 세계에서 내로라하는 부를 소유한 지역은 노예의 사망률이 높은 지역과 일치했다. 1830년대 영국령 동인도 제도에 400만 명의 노예가 끌려갔고, 기록에 따르면 약 10년 후 겨우 40만 명이 남았다고 하니, 얼마나 처참한 노동환경이었는지 짐작할 수 있다.

노예제도는 신대륙의 샤오토메에서 시작되었다. 스페인에 의해 최초로 신대륙이 발견된 후 포르투갈이 1485년 샤오토메를 점령할 때, 유럽인들의 플랜테이션 사업 개시 조건은 아프리카의 노예들과 50%의 공동투자였다. 즉 자본이 50%, 노동을 담당할 노예들이 50%일 정도로 투입되는 노동력이 많았다는 얘기이다. 노예를 이용한 이러한 플랜테이션 사업은 추후 영국, 브라질, 카리브 해역의 많은 나라들로, 그리고 17세기와 18세기에는 바베이도스, 자메이카, 쿠바, 현재의 아이티인 생 도밍고까지 급속도로 확산되었다.

카리브 해역의 노예 의존적 경제 특성은 이후 미국 남부지역에서 그대로 재연되어 고유작물의 수익성을 획기적으로 높였다. 캘리포니아 쌀과 콩, 버지니아와 메릴랜드의 담배가 역사적 호경기를 맞는다.

플랜테이션 업종에서 핵심은 노동력이었다. 같은 노동력이라 해도 노동력과 상응하는 실질적 원가, 즉 노예들의 가격이 달랐기 때문일 것이다.

초기에는 아프리카 흑인 노예들을 노동력으로 사용하지 않았다. 유럽에서 데려온 훈련된 노동력이 더 유용했기 때문이다. 하지만 결국 유럽에서 넘어온 인력의 자리를 아프리카 노예들이 차곡차곡 메우기 시작했다. 백인은 노예를 철저하게 거래 대상으로 삼았고, 건강하고 젊을수록 가격이 비쌌다.

거대 자본의 출현, 능력자와 효자상품

초기의 노예들은 미국의 일부 지역으로 건너갔지만, 순식간에 미국 전역으로 퍼졌다. 미국 남부는 중부와 북부보다는 경제적으로 부유했다. 1670년도에 처음으로 유럽인들이 사우스캐롤라이나에 정착한 후 이들은 내놓을 만한 고유작물을 찾지 못해 고전했다. 그러다 결국 쌀이 눈에 들어왔다. 사우스캐롤라이나의 쌀 수출량은 1700년 1인당 69파운드에서 1740년 900파운드로 폭증한다. 노예 수입도 1년에 275명에서 2,000명으로 늘어난다. 재배기술도 개선되어 토지와 노동의 생산성이 1.5배가량 증가했다. 결정적 역할을 한 것은 노예제도의 도입이었지만, 베일에 가려져 부각되지 않는 경우가 많다.

쌀을 재배하는 남부 해안지역의 사회구조는 점점 카리브 해역의 부유한 섬들과 유사해진다. 카리브 해안지역의 경제가 설탕을 기반으로 굴러갔듯, 남부 해안지역의 경제는 쌀, 담배와 콩, 면화로 이루어지게 되었다.

원가 측면에서 유리하여 경쟁력을 가질 수 있었던 미국의 남부경제는 날개를 단 듯 성장하여 수출이 총소득의 30%를 차지했다. 그러나 만약 노예가 없었다면 미국 거대 자본의 형성은 불가능했을 것이다. 미국 경제 최대의 '대반전'은 노예제도 덕분에 가능했던 것이다.

미국에 실려 오는 아프리카 흑인의 운명도 어디로 실려 가느냐에 따라 크게 바뀌었다. 기록에 의하면 카리브 해역과 미국 남부의 삶이 최악이라면, 미국 중부와 북부는 그래도 견딜 만했다고 한다. 그러나 이

영국 식민지 사탕수수 농장의 노예들 모습. 1823년 작품이다.

차이는 인간의 가치관이 만든 결과가 아니었다. 노예의 운명은 해당 지역의 경제상황, 즉 노동력을 집중적으로 투하할 작물을 발견했느냐의 여부가 결정했다.

미국의 역사에서 1658년부터 1670년까지의 기록을 살펴보면, 총 150개 지역에서 노예가 있었던 곳은 불과 10% 이하였다. 그러나 이후 노예의 수는 기하급수적으로 증가하게 된다. 1714년 미국의 노예 수는 6만 명을 넘지 않았지만 이후 급속하게 늘어나 1727년 7만 8천 명, 1754년 26만 3천 명, 그리고 1790년 실시된 공식적 조사에 의하면 69만 7천 명을 넘어섰다.

역사의 기록은 미국 정부의 정책적 허점을 드러낸다. 미국의 법령은 아메리카 원주민들의 노예화를 금지하도록 규정했지만, 현실은 달랐다. 법조항은 사문화되었고, 아메리카 원주민들마저 노예로 둔갑하여 시장에서 거래되었다. 원주민들끼리의 폭력적 전쟁이 종종 서로를 노예로 내다 파는 상황으로 악화되기도 했다. 미국의 정착민들은 알고도 모르는 척, 원주민의 노동력을 이용했다.

노예 역사로 본 인공지능의 개발동기

앞으로는 인공지능도 노예제도와 비슷한 과정을 거칠 것으로 보인다. 인공지능은 상품생산 혹은 공급과 결합하여 안착을 시도할 것이다. 시간이 흐르면서 버전을 업그레이드할 것이며, 그에 상응하여 인공지능의 가격도 천차만별이 될 것이다.

인공지능의 개발 여부를 결정하는 판단 기준은 결국 생산성과 효율성이다. 인공지능과 인간의 노동 중 어느 쪽이 더 효율적일까? 인건비가 인공지능 개발비용을 초과한다면 인공지능이 인간의 노동력을 대체할 것이다. 인건비가 높은 선진국이 먼저 개발에 박차를 가할 것으로 보인다.

노예의 역사로 본 인공지능의 시장분화

아픈 역사지만 과거 노예가 노동력의 한 축이었다면, 현대는 인공지능이 노동력의 한 축으로 등장할 것이다. 물론 인공지능을 개발하고 검증하는 데는 오랜 시간이 걸리겠지만, 초기 검증이 완료되면 허접한 삼류의 복제 알고리즘부터 고도의 의사결정 시스템까지도 등장하게 될 것이다.

레벨 6단계 수준의 자율주행차를 상상해보자. 사업자의 입장에서는 노동력 제공 측면에서 완전히 새로운 영역이며, 소비자의 입장에서는 기적과도 같은 경험일 것이다.

현대의 인공지능 부문은 다양한 활용과 더불어 별도의 전문시장이 개설될 가능성이 농후하다. 다양한 기능을 결합한 신상품이 등장하고 확대될 것이며, 인공지능과 타 산업의 결합을 통해 인간 노동력의 수요는 줄어들 것이다. 이에 따라 노동력을 상실한 인간 집단의 계층화 구조는 어떻게 될지 사회학자와 심리학자의 이론을 근거로 살펴보자. 이 역시 사회변동의 방향성을 추정하기 위해서 중요한 측면이다.

기존 지식을 거부하라, 편견의 속성과 사회적 거리

세상을 지배하는 논리에 관한 학자들의 견해는 때로는 참으로 몰상식하다. 저명한 사회학자인 로버트 파크(1864~1944)는 "계급의 거부는 인간 본성의 역행이다."라면서 사회계급에 대한 의식은 인간이 아무리 숨기려고 해도 도저히 숨길 수 없다고 말했다. 그는 인간의 사회성에 은밀하게 숨겨진 본성적인 특성이 바로 계급에 대한 의식이라고 단정한다.

인간은 타고난 환경의 영향을 받으며, 교육과 성장 등 사회화 과정을 거치면서 문화적 영향도 받게 된다.

기존 지식은 편견이 오해의 원천이라고 한다. 그렇다면 인간은 왜 편견을 갖는 것일까? 어떤 사회학자들은 편견이 '사회적 거리(social distance)'를 유지하기 위한 본능적 감각이라고 말한다. 최적의 사회적 거리를 유지하려면 본능적으로 편견을 작동해야 하고, 계층화는 이런 편견이 굳어지는 현상에 불과하며, 결국 빠른 결정을 위해 편견은 필수 불가결하다는 얘기이다. 아무리 공정한 교육적 환경을 거치더라도 편견과 사회적 거리는 근절되지 않는 인간의 본질적 속성이라는 것이다.

또 어떤 사회학자들은 엄격한 의미의 평등은 허울이며, 편견 없는 인간은 확신 없는 인간에 불과하다고 말한다. 인간을 갈라 세우는 미세한 감정이 사회계급을 구분 짓는 결정적 계기가 된다는 것이다.

인간은 가면을 쓰고 사물과 타인을 바라본다. 당위와 실체 사이에 차이가 있기 때문이다. 당위성과 실체성이 일치하는 사람은 아무도 없

미국 리치먼드의 노예시장 모습.

다. 말은 A이지만, 실제는 B를 생각한다. 이는 인간의 본질적이고도 전형적인 특성 중 하나다.

따라서 인간의 행동과 사고에 대한 궁극적 이해는 중요하다. 사회는 인간의 행동과 사고가 연합하여 활동하는 공간이고, 사회변동의 방향성은 결국 그러한 상호작용을 통해서 결정되기 때문이다. 사회변동은 어떤 경우에는 일정 방향으로 수렴하고, 일정한 방향으로 확산하기도 하며, 때로는 모습을 확 바꾸어 예기치 않은 방향으로 속도를 내기도 한다. 그런데 인간의 행위는 결코 합리적 원리에 의해서만 작동되지 않는다. 무의식이 인간 행동의 본질적 방향성을 결정하고, 의식화 과정을 통해서 사회규범과의 상충을 조율하고 은밀하게 위장하기도 한다.

인간 사회의 주요 노동력은 역사적으로 중세의 농노, 신대륙의 노예, 근대 자본주의의 노동자로 바뀌어왔으며, 현대에는 인공지능이 이를 대체할 가능성이 있다. 인공지능의 활성화를 결정짓는 핵심 잣대는 수익성 개선 여부가 될 것이며, 인간을 고용했을 때 들어가는 비용과 인공지능의 개발 비용에 따라 개발 및 보급속도가 결정될 것이다.

인공지능 제품들이 공장에, 회사에, 가정에 보편적으로 보급되면 인간은 전통적 노동에서 점점 자유로워질 수 있을 것이다. 노동수요도 줄어들고 그에 따라 노동시간도 줄어들 것이다. 우리나라는 지금 주 5일제 노동을 기준으로 하고 있지만 이는 가까운 미래에 주 4일제로 줄어들 것이고, 나아가 주 3일제로 줄어드는 날도 올 것이다. 이로 인해 어떤 산업은 쇠퇴할 것이고, 어떤 산업은 새로 등장하거나 커질 것이다.

그렇다면 그런 사회가 되었다고 해서 사회적 계급이 없어질까? 유감스럽지만 사회적 계급은 결코 없어지지 않을 것이다. 한편 산업과 소비 측면에서 이 사안을 바라보면 장단점이 상존한다고 볼 수 있다. 어떻든, 인공지능은 노동시장으로 파고들 것이며, 이를 어떻게 운용할지는 앞으로의 몫이 될 것이다.

계층 상승의 마지막 사다리

변혁기, 사고는 곧 행동이 된다

변혁기의 행동은 '부의 대반전'을 이루는 도화선이 된다. 축적된 부가 감쪽같이 사라지기도 하고, 부의 형성이 기적처럼 현실화되기도 한다.

경제주체별로 격변기의 행동 특성을 종합해보면 '미세한 울림', '즉각적인 단행', '궁핍의 합성'이라고 정리할 수 있을 것 같다. 왜 이런 현상이 벌어지는 것일까. 시기의 절박성과 과감성 때문이다.

프랑스 혁명사를 보면 혁명은 두 번에 걸쳐 일어났다. 격변기가 들이닥쳤지만, 실질적 계층 변화는 다른 실체에 의해 확정된다. 이러한 과정과 그 이유를 정확히 파악하려면 격변기의 특성에 집중해야 한다.

미세한 울림, 그리고 떨림

격변기에는 원인과 결과가 비대칭성을 보이기도 한다. 미세한 원인이 거대한 결과를 초래하기도 하고, 미세한 결과로 인해 거대 원인이 감추어지기도 한다.

프랑스 대변혁은 성직자와 귀족 등 3%의 지배계층이 90%의 부를 소유했기 때문에 발생한 사건으로 알고 있다. 몰락한 성직자와 귀족들의 막대한 재산을 둘러싼 진실을 아는 사람은 많지 않다. 대변혁, 즉 혁명은 한 번이 아니었다. 한 번은 체제변화에 의한 사회적 '구조변화'이지만, 다른 변화는 재산을 둘러싼 '계층 확정 혁명'이었다.

시퍼런 변혁의 시기, 1789년 11월 2일 제헌의회는 교회의 재산을 국가에 귀속시킨다. 어제는 교회 땅이었으나 오늘은 아니다. 변혁기의 기막힌 현실이다. 어떤 수단을 사용하였을까. 혁명적 힘이라고도 표현할 수 있겠지만, 결국은 강압적 힘이었다.

막대한 재산이 국고에 편입되었으나 재정에는 별로 도움이 되지 않았다. 부동산은 즉시 현금화할 수 없는 고정성이 특징이고, 단순한 국고 편입은 숫자의 이동에 불과하기 때문이다.

그렇다면 부동산을 활용하여 현금을 확보하는 방법은 무엇일까. 프랑스는 국고 환수 부동산을 담보로 한 채권 발행을 생각해낸다. 4억 리브르에 상당하는 부동산을 담보로 연리 5%짜리 국채가 발행된다면 투자할 의향이 있는가? 부동산 담보증권이니 원금 손실의 가능성은 희박하고, 발행금리 5% 이율이면 수익성 측면에서 괜찮지 않았을까? 물론

프랑스혁명 당시의 지폐(왼쪽)와 채권 아시냐(오른쪽).

정반대의 생각을 하는 사람도 있을 것이다.

좀 더 들어가 분석해보면 이는 현대적인 의미의 채권도 아니고, 일종의 어음 같기도 한 확약증서에 불과했다. 그러나 일부 투자자들은 절체절명의 위기 상황에서 프랑스 역사에 등장한 정부 발행 채권인 '아시냐'에서 작은 틈새를 발견한다.

당시 프랑스 정부의 금고는 텅 비어 있었지만, 부동산의 담보가치에 대해서는 추호도 의심할 여지가 없었다. 국가의 재정은 없는데 부동산이 너무 매각되지 않자 혁명정부는 1790년 8월 27일, 아시냐에 대해 긴급조치를 단행한다. 이 조치로 졸지에 채권이 은행권으로 바뀌게 된다. 이자가 계속 늘어나는 채권보다는 화폐가 분명 혁명정부에 유리했을 것이다.

초기에는 화폐의 발행 증가에 담보물이 추가되는 긍정적인 일도 벌어지지만, 정부의 재정이 점점 악화되자 기존 아시냐 투자자들의 불안감은 이루 말할 수 없었다. 결국 부동산 매각이 지연되는 상황이 계속

되자, 투자자가 원한다면 담보 부동산을 직접 취득하는 것을 용인하는 조치가 내려진다. 재원 조달을 긴급하게 지원하려는 정부의 조치였을 것이다. 그리고 이때 담보 부동산의 소유권을 중간에 취득한 사람과 끝까지 만기상환을 기다렸던 사람의 선택은 엄청난 차이를 가져온다.

그 이유는 통화량의 증가에 따른 화폐가치 변동 때문이다. 아시냐 발행 초기 화폐가치를 100%로 잡는다면, 1795년에는 실질가치가 3%까지 폭락하는 일이 벌어진다. 화폐가치가 폭락하면 물가가 급등하고, 이는 거꾸로 보면 실물자산인 부동산 가격의 폭등으로 이어진다. 혁명이 체제 변화에 따른 구조변화와 재산을 둘러싼 계층 변화로 두 번에 걸쳐 일어났다는 말은 여기에 근거한 것이다.

결국 담보로 취득해 소유권을 획득한 부동산 가격이 엄청나게 폭등하게 된다. 기록에 따르면 일부 투자자들, 즉 왕실 혹은 교회 납품업자, 신흥계급인 부르주아 소속의 금융업자, 관직 소유자들은 담보 부동산인 교회 재산을 승계받은 것으로 나온다. 말 그대로 이들은 엄청난 부동산 상승 수익을 누렸다.

프랑스 정부의 조치는 여기에 그치지 않았다. 교회가 소지한 마지막 금싸라기 땅, 거대한 농지도 도마 위에 오른다.

"농지를 처분하라."

"농지 담보 채권을 발행하라."

유럽 전체가 대기근에 시달렸던 엄중한 상황이라 농지에 대한 관심은 각별했을 것이다. 만약 농지마저 처분된다면 성직자와 귀족이 소유하던 농지도 모조리 없어지는 상황이었다.

즉각적인 단행, 농지경매와 징발제

정부의 재정이 취약하니 농지 처분도 속도를 냈다. 1790년 5월 14일, 정부는 교회 농지를 경매방식으로 매각한다는 원칙을 세우고, 농지의 임차계약은 그대로 유지한 채 매각을 추진했다.

"과연 제대로 소유권 이전이 가능할까?"

막대한 자금을 일시에 납부해야 한다면 경매 참가자는 극도로 제한될 것이 분명했다. 이에 제헌의회는 분할 납입을 허용한다. 농민을 새로운 질서의 주요 계층으로 편입시킬 목적으로 조건을 완화했던 것이다. 이때 '연리 5%에 12년 분할 상환' 등의 파격적 조건이 제시되었고, 필지별 일괄 경매를 원칙으로 한다는 기록도 등장한다.

이러한 농지 경매방식에 대한 농민들의 태도는 대체로 지역마다 다르게 표출되었다. 적극적인 경매 참여를 통해 농지를 매수해야 한다는 지역과, 정부의 확실한 이행을 의심해 소극적으로 임하는 지역으로 갈렸다. 경매에 적극적으로 참여한 지역에서는 농민들이 경매에 나온 농지를 집단적으로 구입할 목적으로 임의단체를 설립하기도 했다. 어떤 지역에서는 경매 경쟁률을 낮추기 위해 입찰을 방해하는 불법 폭력집단도 등장했다고 기록되어 있다.

1791년부터 1793년까지 농민들이 부르주아보다 10배나 더 많은 토지를 낙찰받은 지역도 등장한다. 피카르디, 랑, 상스 지역에서는 농민들의 농지 소유 비율이 획기적으로 높아졌다.

교회 농지의 매각으로 가장 이득을 본 계층은 누구일까? 어느 정도

특권층인 성직자와 귀족, 그리고 고통받는 농민을 풍자한 모습. 프랑스 혁명 전, 전체 인구의 약 3%에 불과했던 성직자(교회)와 귀족이 프랑스 전체 자산의 90% 이상을 보유한 것으로 알려져 있다.

부를 형성한 중산층, 즉 자영농민과 대차농민, 그리고 부르주아들이었다. 그러나 이뿐만이 아니었다.

"그래도 어느 정도 밑천이 있어야 경매에 참여할 수 있는 것 아닌가?"

실제로는 아니었다. 아무런 자본 없이 부를 획득한 사람도 있었다. 적극적으로 농지 경매에 참여한 일부 영세농, 농지를 전전하며 노동력을 팔던 날품팔이 농민, 혹은 소작농도 포함되어 있었다. 그리고 이것이 바로 우리가 사회변동의 방향을 알아야 하는 이유이다.

화폐가치의 변동은 계층을 명확하게 구분하는 계기가 되었다. 1793년 12월 아시냐의 실질가치는 50%로 떨어졌고, 1794년 7월에는 31%로 곤두박질쳤다. 1795년에는 결국 실질가치가 3%로 폭락하는 상황으로 치달았다. 아사냐 발행 후 불과 몇 년 사이에 벌어진 일이다.

이러한 화폐가치의 폭락은 동전의 양면처럼 실물자산의 가격 상승을 가져오는데, 실제로 당시 부동산과 농지 가격은 폭등했다.

한편, 화폐가치 폭락으로 인해 확정 이자로 생활하던 구체제의 부르주아, 그리고 현금 상환을 받은 채권투자자들은 몰락할 수밖에 없었다. 반면 부동산의 소유권을 승계받은 투자자와 농지를 입찰받은 농민들은 실물자산의 폭등으로 계급 상승을 체험한다. 또한 농지에 입찰한 후 낙찰대금을 분할로 상환하기로 한 사람들은 자산가격이 폭등하자 거의 헐값으로 농지를 획득하게 되는 기이한 현상도 벌어졌다.

물가 급등은 급기야 화폐 수령을 거부하는 현상으로 나타났다. 화폐로 받자마자 가치가 급락하니, 아시냐 화폐로 지불받지 않으려는 사람들이 생겨났다. 또한 쌀과 보리를 타작한 농민들은 시장에 생산물을 출하할 수가 없었다. 돈을 받자마자 화폐가치가 급락했기 때문이다. 급기야 시장에 물건이 나오지 않게 되고, 시장에 물건이 부족하니 가격은 더 오르는 악순환이 생겼다. 엎친 데 덮치는 격이었다. 즉 화폐가치 폭락은 물가 폭등을 불러왔고, 실물자산의 가격 급등은 다시 화폐가치의 폭락을 더욱 가속화시킨 것이다.

이런 상황에서 국가의 대책은 무엇이었을까? 프랑스 혁명정부는 징발제를 실시했고, 이는 1795년 6월 19일까지 지속되었지만 생산물의 원활한 확보는 쉽지 않았다. 농민들이 생산물의 시장 출하를 극도로 망설였기 때문이다.

사람들은 혁명이 사회를 변혁시킨다고 하지만, 이는 반은 맞고 반은 틀린 말이다. 실질적으로 화폐가치의 변동은 혁명보다 더 잔혹하게 부와 계급을 확정하기도 한다. 이것이 격변기의 실상이다.

궁핍의 함성, 계급을 만들다

격변기에는 사방에서 "배가 고파 못 살겠다"라는 소리가 터져나온다. 이런 함성은 사회 대변혁을 역동적으로 지원하는데, 그 근원은 내부에 응축된 불균형적 힘이다. 이것이 어떻게 작용되는지 알아보자.

18세기 프랑스의 귀족과 부르주아 계급은 점점 더 모순적인 관계를 형성한다. 귀족은 구질서의 지배계층이고, 부르주아는 신질서 하에서 새로운 역할을 수행하게 된 계층이다. 제조업과 상업을 비롯해 다양한 분야에서 사회적 분화가 이루어졌고, 지식이 발전하면서 부르주아는 다양한 기능을 갖춘 역할 계층으로 활동했다.

이렇게 부를 갖춘 부르주아의 경제적인 역할은 상당히 돋보였다. 하지만 기존의 사회체제는 이를 용납하지 않았다. 부르주아가 권리를 요구할수록 귀족들은 기존의 특권을 지키기 위해 폐쇄적인 방어태세를 강화했다.

역사는 기득권의 역사라고 할 수 있다. 봉토를 취득하면서 작위를 획득하는 관행은 이미 루이 14세 때부터 폐지되었기 때문에, 18세기에는 작위 수여 건수가 이전에 비해 분명히 줄어들어야 맞다. 그런데도 1770년대의 작위 수여는 최대치를 기록한다.

어떤 이는 잉여가 계층을 만들었다고 주장하지만, 사실 알고 보면 잉여보다 궁핍이 계급을 만든다고 할 수도 있을 것 같다. 중세를 넘어 로마시대 이전으로 거슬러 올라가보면, 홍수와 가뭄으로 고통받던 당시 사람들은 어떻게 하면 농사를 잘 지을 수 있을까 궁리했고, 이것이 계급이 등장한 출발점이 된다. '기도하는 계층'을 만든 이유 역시 궁핍을 벗어나고 싶어서이다. 하늘과의 간절한 소통으로 현재의 궁핍을 탈피하고 싶었던 것이다. 이렇게 만들어진 계층은 하늘과의 소통을 핑계로 '수고하는 자' 위에 군림하며, 지배계층이 탄생하게 된다.

성직자 계층은 로마시대 붕괴 이후 중세에 유럽을 휘어잡는다. 프랑스의 대변혁기에 성직자 계층의 수는 12만 명 정도였다. 이들은 국왕 다음의 제1계급이 되어 정치, 사법, 조세의 측면에서 중대한 특권을 누렸다.

이들 계층이 누리는 경제력은 어디서 나올까? 교회 소유의 농지를 기반으로 하는 11조의 징수가 그 토대가 되었다. 오늘날의 프랑스 지역의 경우 779년과 794년의 법령에 의하여 11조가 명문화되었고, 모든 토지 소유자들은 농산물과 가축으로 11조를 납부해야 했으며, 평민의 토지뿐만 아니라 귀족과 성직자의 개인 토지도 예외가 아니었다. 그러나 나중에는 귀족과 성직자의 11조 납부는 면제되고, 평민들만 납부를 강요당한다.

프랑스 혁명 당시 귀족의 수는 35만 명 정도였다. 이들은 제2계급으

1809년 7월, 와그램 전투에서의 나폴레옹.

로서 실질적인 사회의 지배계급이었으며 이들 역시 궁핍한 '수고하는 자'들 위에 군림하고 지배했다.

귀족이 하는 일은 무엇인가? 그들은 스스로를 영지를 지키기 위해 '싸우는 자'라고 한다. 그러나 실질적으로 하는 일은 별로 없었다. 대신 귀족은 누구나 칼을 찰 권리, 교회에 마련된 특별석에 앉을 권리, 사형을 당할 경우 교수형 대신 참수형을 선택할 권리, 특히 타이유 세(Taille, 서민들이 집을 고치거나 지을 때, 토지의 경작상황이 좋아질 때 내던 세금)나 도로 부역을 면제받을 권리를 가졌으며, 봉토를 소유한 귀족은 농민들에게 각종 부담금을 요구할 권리를 누렸다.

이것이 18세기 프랑스에서만 일어난 일이었을까?

나폴레옹은 한 걸음 더 나아가 '싸우는 자'인 귀족의 기능을 없애버렸다. 그럼 누가 나라를 위해 싸울까? 나폴레옹의 군대는 혁명적 사고가 만들어낸 것이다. 이제 '싸우는 자'가 없어지고, 최초로 징집제가 도입된다. 징집제도는 귀족층의 몰락을 재촉하고 사회적 비용을 획기적으로 줄였다.

나폴레옹은 정복한 유럽의 거의 모든 나라에서 절대왕정을 폐지하고 체제를 프랑스 식으로 바꾸고자 했다. 절대왕정의 부채가 온 천하에 드러나자 '수고하는 자'들은 자신들이 궁핍과 가난에 시달린 원인에 주목하게 되었으며, 이런 인식은 프랑스 대변혁을 성공시키고, 유럽 대륙의 진보를 가져오게 된다. 이 과정에서 중세의 노예제도인 농노제 역시 실질적으로 폐지된다.

의회를 통해 법 제정 창구를 통일하고 법 적용을 평등하게 한 것도 놀라운 성과이다. 자유와 평등을 토대로 한 합리적 법률체계, 국내관세 철폐와 국제적 공동관세의 확립에 따른 통일적 시장 창출, 세제 합리화, 근대적 교육체계 설립과 확대를 통해 근대 산업사회가 획기적으로 앞당겨졌다.

2021년 현재, 대반전은 의외의 곳에서 현실화될 수 있다. 우리는 변혁기의 과감성을 기억하고, 기존의 지식에 의구심을 가져야 할 것이다.

부를 노리는 '상자 밖의 승부수'

'한 끗 차이'의 승부수를 노려라

거부들의 '한 방'은 어떻게 다를까.

많은 이들이 거대한 차이를 생각하겠지만 실상은 '한 끗 차이'이다. 이들은 사고의 틀과 방향을 뒤집되, 일반적 논리에 휩쓸리지 않는 차별적 '한 끗'을 생각해낸다.

야코프 푸거(Jakob Fugger, 1459~1525)가 '물량 확대 전략'을 통해 16세기 광산업의 일인자로 등극하고, 20세기 초의 거부 록펠러가 하나의 '위원회'를 설치하여 30~50개 회사를 인수한 것과 동일한 효과를 낸 것이 역사에서 볼 수 있는 좋은 예일 것이다.

대반전의 승부수, 과연 통할까

야코프 푸거는 중세의 거부이다. 방직공의 후손으로 태어난 그는 근대의 '물량 확대 전략'을 활용하여 거대한 부를 일구어낸다.

그의 아버지는 푸거가 열 살 때 세상을 떠났고, 어머니는 푸거를 당시 유럽 최대의 도시인 베네치아로 보내 터전을 잡게 한다. 이곳에서 푸거는 복식 부기를 배우는 등 해박한 금융지식을 습득하게 된다. 물량 확대를 통한 가격 무력화 전략도 결국 이런 금융지식을 창의적으로 응용한 결과였을 것이다.

1498년, 푸거는 헝가리산 구리를 가득 실은 화물선을 단치히(현재의

15~16세기 야코프 푸거는 베네치아에 터전을 잡았다. 그림은 17세기에 그려진 베네치아의 모습.

폴란드 그단스크)에서 지중해 연안 도시인 이탈리아의 베네치아로 바꾸어 도착하게 했다. 당시 베네치아는 휘황찬란한 항구도시였다. 무역업이 성황을 이루었고 사람들이 사방에서 구름같이 몰려들었다. 화물선에서 하역작업을 마친 화물더미들은 항구 야적장에서 그대로 팔려나갔다.

구리는 시간이 경과해도 그 특성이 전혀 변하지 않는 상품이다.

"어떤 제안이든 수락해서 물건을 모두 매각하라."

푸거의 명령에 중개상들은 바쁘게 움직였고, 이 명령은 차질 없이 수행되었다. 예정에 없던 화물선에서 산더미같이 구리가 쏟아지자, 베네치아의 구리 현물시장은 대폭락을 넘어 마비 직전이 되었다. 그리고 이 베네치아의 구리 가격 폭락 사건은 연쇄반응을 일으켰다. 갑작스런 구리가격 하락에 가수요 세력도 기웃거렸다. 결국 창고 시설이 모자랄 지경에 다다르자 거래는 주춤해졌다.

그러자 이번에는 구리를 보관할 창고를 잡으려고 여기저기서 난리법석이었다. 구리 구매량이 주춤하자 할인 폭이 다시 확대되었고, 구리 가격은 더욱 급락했다. 사람들은 웅성거렸고, 어떤 사람은 질문을 던졌다.

"혹시 이 구리는 순도가 떨어지는 하자상품 아닌가요?"

그러나 구리의 품질은 표준적인 양식으로 명시되어 있어 문제가 없었다. 사람들은 구리의 가격 하락에 따른 이익 증가분과 보관비용 상승에 따른 추가비용을 분석하여 거래 여부를 결정해야 했다.

야코프 푸거가 헝가리산 구리를 단치히로 운송하지 않고 베네치아로 보낸 이유는 무엇일까? 그 이유는 시장을 재편성하여 경쟁을 무력화하기 위해서였다. 간단히 말하면 구리 시장을 장악하여 경쟁을 무력화하겠다는 전략이었다.

이는 실로 위험한 계략이었다. 경쟁자인 다른 기업가들이 신성로마제국 황실에 이 사실을 침소봉대하여 고자질한다면 푸거는 위기에 내몰릴 수 있었다. 사건의 결말은 아무도 예측할 수 없었고, 어느 쪽이든 참혹한 결과를 맞을 터였다.

실제로 푸거가 구리를 엄청나게 시장에 풀어도 경쟁자들은 처음에는 꿈쩍도 안 했다. 이대로라면 푸거의 패착이 분명했다.

"악을 쓰고 버틴다면 어떨까. 이 정도는 아무것도 아니지."

경쟁자들은 비정상적인 시장에 휘둘리지 않고 구리를 창고에 처박아두고 기다리는 전략을 사용했다. 그러나 창고 시설이 현격하게 부족해지자 보관료가 상상 이상으로 뛰어올랐다. 가수요는 여기서도 요동쳤고, 결국 이 비용이 구리 사업자들의 발목을 잡았다.

"나는 끝까지 버티리라."

하지만 손해가 점점 커졌고 구리 가격은 폭락을 거듭했다. 가격을 붙잡을 사람은 누구일까? 오직 푸거만이 답을 알고 있었다.

구리 가격이 대폭락하자 푸거의 경쟁자들은 탄식했다. 버티면 폭락 후에 폭등이 오지 않을까 기대하기도 했지만, 기록에 따르면 결국 푸거의 경쟁자들, 즉 바움가르트너, 헤르바르트, 고셈브로트는 울분을 삼키며 재고를 탈탈 털어냈다.

설욕을 위한 재기를 과연 노릴 수 있을까? 재기를 시도하면 푸거는

야코프 푸거가 자신의 회계사와 이야기를 나누고 있다. 서 있는 사람이 푸거이다.

분명 또 매도물량을 들이부을 것이다. 쏟아지는 매도물량에 굳건히 버틸 자는 과연 누구일까? 결국 푸거의 경쟁자들은 무릎을 꿇었고, 베네치아 중심의 구리 현물시장에는 한참 동안 무서운 정적이 감돌았다.

그레그 스타인메츠(Greg Steinmetz)의 기록에 의하면, 야코프 푸거는 이를 통해 거대한 부를 움켜쥐었다. 동종업계의 경쟁자를 단번에 침몰시키고, 일약 광산업의 일인자로 등극하며 대반전의 드라마를 훌륭하게 마무리했던 것이다.

경쟁자가 모두 사라진 시장에서 가격은 아무런 의미가 없었고, 오직 푸거의 머릿속에서 책정되었다. 푸거는 헝가리 시장에 이어 오스트리아 구리 시장까지 독차지했고, 이로써 거대한 부를 축적할 수 있었다. 그는 여기에 그치지 않고 대부업, 즉 현재의 은행업까지 손을 뻗어 광산을 담보로 거액을 대출한다. 이를 통해 역사상 최초의 금융 자본가였

푸거 가문은 돈을 발행하기도 했다. 사진은 푸거 가문이 1621년 발행한 금화 10듀캣.

던 야코프 푸거는 '돈의 신'으로 불리게 된다.

푸거는 16세기 유럽 최대의 광산가로서 헝가리와 티롤 지방의 광산을 장악했으며, 연간 약 100kg의 금과 10t의 은을 생산했는데, 이는 당시 전 세계 금 생산량의 약 33%, 유럽 은 생산량의 약 25%에 달했다. 또한 그의 재산은 당시 유럽 국민총생산의 약 2%에 달했던 것으로 추정된다.

야코프 푸거의 물량 확대 전략의 창의성에 많은 사람들이 경탄할 것이다. 물론 비판의 잣대를 갖다 대는 사람도 있겠지만, 일단 비판을 유보하면 이 사건은 자본주의에서 가격의 기능과 그 허구성을 낱낱이 보여준다. 다시 말해 수요와 공급 곡선은 강력한 시장 지배자가 공급 가격을 의도적으로 낮추는 경우에는 적용되지 않는다. 합리적 사고를 가정한 그럴듯한 이론도 '한 끗'만 조건을 바꾸면 의미가 없는 것이다.

역사의 기록에 따르면 부를 일궈내는 방법은 많다. 이를테면 강력한 시장 지배자가 공급가격을 의도적으로 낮추면 균형가격은 그 의미를 잃는다. 독점적 공급자가 가격결정권을 획득하고, 이를 통해 막대한 수익을 챙길 수 있는 것이다.

한 끗 차이, 경영수탁위원회의 의사결정 구조

19~20세기, 미국이 낳은 거부인 코닐리어스 밴더빌트(Cornelius Vanderbilt, 1794~1877)와 존 데이비슨 록펠러(John Davison Rockefeller,

1839~1937)는 사업을 차별적 시각에서 바라보았다.

코닐리어스 밴더빌트는 미국 철도사업을 탁월한 식견으로 이끈 인물이다. 그는 앞으로 석유가 최대의 운송물이 될 것이라고 예견했고, 이는 그대로 적중했다. 11세부터 아버지의 여객선에서 일했던 밴더빌트는 16세에 여객선을 사서 선박 운송업을 시작했고, 남북전쟁 후에는 철도산업에 뛰어들어 뉴욕/할렘선 등 4개 철도선의 대주주가 되었으며, 미국 북동부와 중서부 철도를 완전히 장악하여 '철도왕'이라는 호칭을 얻으며 19세기 미국의 최고 부호가 되었다.

철도산업은 당시 급부상하던 산업이었다. 동북부의 광활한 지역과 시카고 연안의 거대한 물류를 아우르는 철도와 운송사업은 황금알을 낳는 거위였다. 그는 이 시장에 일찍 뛰어들어 가격을 제멋대로 올렸다. 하지만 다가오는 시련을 짐작한 사람은 없을 것이다.

뉴욕 센트럴 철도회사를 통해 착실하게 부를 축적해가던 밴더빌트는 난관에 봉착하게 된다. 독점을 통한 철도 운임의 상승이 말썽을 일으키게 된 데다가, 석유의 운송방법이 졸지에 파이프를 이용하는 것으로 바뀌면서 수익이 반토막으로 곤두박질치게 된 것이다. 또한 작은 철도회사인 이리 철도(Erie Rail, 현재 CSX의 일부 선로)를 공개 매수하는 데에도 애를 먹었다.

이리 철도는 노선이 50㎞ 정도로 매우 짧았지만, 뉴욕 시로 연결되는 유일한 노선이었다. 밴더빌트는 이리 철도 주식의 공개 매수에 나섰지만, 이 회사의 모사꾼들에 놀아나 큰돈을 잃게 된다. 4년 후 다시 2차 인수전에 나서고서야 결국 공개 매수에 성공한다. 하지만 이런 어려움

스탠더드오일의 신탁증서.

을 기억하지 못하는 사람들은 대공황의 직격탄, 고속도로와 개인 승용차의 폭발적인 증가로 밴더빌트가 겪어야 했던 역경을 모두 무시하고 싸잡아서 비판하기도 한다.

한편, 록펠러의 스탠더드오일 사(Standard Oil Company, 이하 '스탠더드오일'이라 칭함)는 1880년 기준 미국 석유의 95% 이상을 채굴해서 정제하는 등 엄청난 이익을 챙겼다.

스탠더드오일의 전략은 단순하고 분명했다. 시장 지배력을 확대하여 회사를 독보적인 위치로 올려놓는 것이다. 록펠러는 경영능력을 증명하며 상호 출혈적인 경쟁적 환경보다는 우호적인 토양을 만들기 위한 획기적 방법을 찾았다.

"어떻게 하면 자본을 들이지 않고, 회사 인수와 동일한 효과를 낼 수

존 데이비슨 록펠러.

있을까?"

스탠더드오일은 실질적으로 회사의 지분을 전혀 인수하지 않고 경영수탁위원회(Standard Oil Trust Committee)를 설립하여 이 기구에 중요한 의사결정을 위임했다. 30~50개의 별도 회사이지만 중요한 의사결정, 예를 들면 판매가격과 판매수수료 등의 결정을 경영수탁위원회에 위임하는 구조였다. 경쟁을 무력화하여 회사의 수익 극대화를 꾀한 것이다. 지분 비율로 보면 독과점은 아니었지만 경영수탁위원회의 위임 효과는 상상 이상이었다. 이것은 신설 회사가 생겨 점유율을 높이면 살며시 다가가 축하의 손을 내밀고는 회사 지분을 인수하는 전략과 유사했다.

스탠더드오일을 위시한 거대 기업들의 독점을 풍자한 그림.

그런데 스탠더드오일이 이익을 이렇게 많이 챙겨도 되는 것일까? 만약 최대 경영권 위탁이 45%였다면 달랐을지도 모르지만, 시장점유율이 95%에 달했기에 스탠더드오일의 전략은 극렬한 반감을 불러일으켰다(시장점유율을 높일 수 있는 힘이 있더라도 비축했어야 했다).

미국 정부도 초기에는 당혹감을 감출 수 없었는데, 스탠더드오일의 이러한 행태를 규제하려 해도 적용할 법이 없었기 때문이다. 그러나 정부의 입장은 명확했다. 경쟁 없는 시장점유율 확대는 거짓 행위라고 보고, 기업 간 타협은 국민의 피와 살을 훔치는 도둑이라고 몰아붙였다. 결국 정부는 반독점법(셔먼 반트러스트법, Sherman Anti-trust Act)을 제정하며 칼을 빼 들었다. 이로 인해 기로에 서게 된 스탠더드오일은 난국을 돌파하기 위해 지주회사 체제로 변경하고 결국 30개가 넘는 회사로 해체되어 공중 분해된다. 이 중 단독회사로 기사회생한 회사 중 하나가 지금의 엑슨 모빌(Exxon Mobil)이다.

경영전략을 위임하는 구조는 록펠러의 위대한 성과이다. 미국의 부를 빨아들였던 거대한 구조도 바로 여기에서 출발했다. 자본으로 시장 점유율 95%의 해당되는 기업들을 모두 인수한다면 필요한 자금 규모는 어마어마했을 것이며, 실행 초기부터 돈으로 경쟁하는 회사라고 손가락질받아 좌절되었을 것이다.

역사 속 틀을 깨는 사고

현재 시장을 독점하는 것은 불법이지만, 야코프 푸거가 활동하던 시기에는 독점적 지위가 분명 기발한 사고였다. 또한 이는 정부의 규제 대상이 아니라 암묵적 용인의 대상이었다. 치열한 경쟁이 이익을 없앨 수 있다는 공포가 낳은 결과이며, 결국 그 바탕에는 인간의 '에너지 공포 심리'가 있다.

수익창출에서 가격의 역할은 매우 크다. 가격경쟁이 산업의 경쟁력을 증진시킬 것이라는 생각은 때로는 맞다. 하지만 가격을 밑에서 받치는 핵심적 조건과 원리를 제거하면 가격체제는 순식간에 의미를 잃는다.

푸거는 헝가리와 오스트리아 시장에서 독점적 지위를 쟁취한 후 거대한 부를 향한 확실한 기틀을 움켜쥔다. 헝가리는 동유럽에서 몇 안

되는 구리 생산지였으므로, 그는 단숨에 헝가리 이북 시장의 유일한 구리 공급자가 되었다. 동료 독일인들과 번번이 경쟁해야 하는 상황을 돌파하려고 베네치아에서 독점적 시장 장악에 승부수를 던졌고, 결국 성과를 만들어냈던 것이다.

지금의 시각으로 보면 푸거의 행동은 결코 칭송할 수 없다. 하지만 다른 경쟁자들과 달리 차별적 시각으로 시장을 보았던 점은 인정하지 않을 수 없다. 물량 확대를 통한 거대한 노림수는 놀라운 전략이었고 시대와 잘 맞아떨어졌다고도 할 수 있다.

푸거는 향신료 무역에서도 시장을 제압했다. 밋밋한 식사에 풍미와 생기를 더하는 데 후추만큼 좋은 상품은 없었다. 당시에는 페르시아인들이 인도의 향신료 무역을 담당하고 있었고, 유럽 대륙의 관문이자 인도와 유럽을 연결하는 지리적 여건을 지녔던 베네치아는 향신료 무역의 독점적 항구였다. 베네치아는 아드리아 해 연안 북단에 자리 잡은 지정학적 위치로 인해 무역의 중심지가 되었다. 푸거가 베네치아에서 구리를 과잉 공급한 이유도 거기에 있었다.

우리가 기억해야 할 것은 '한 끗 차이'의 대반전의 승부수가 필요하다는 것이다. 외부에 의해 막히더라도 사고를 멈추어서는 안 된다. 가격은 사회적 규제 속에서 인간이 만들어놓은 하나의 틀에 불과하다. 틀을 넘어서는, '상자 밖의 생각'을 하는 사람만이 거대한 부를 움켜쥘 자격이 있다.

시대를 투자 코드로 읽는 이유

큰 그림을 그리다

흔히 중세를 '암흑의 시대'라고 말한다. 하지만 자세히 들여다보면 놀라운 사실을 알게 된다. 중세는 '거대한 투자의 시대'이기도 했다. 시대의 통치자였던 교황은 거대한 프로젝트들을 가동했다. 이 중 '혁명 확산' 프로젝트는 대참패했고, '인적 인프라' 프로젝트는 대성공을 거두었다.

농업혁명

중세에 이르러 무거운 쟁기로 개량이 이루어지며 심경(深耕)농법이 도입되자 농업혁명이 일어난다. 무거운 쟁기로 땅을 깊게 갈아엎자 자양분이 골고루 퍼지면서 농업 생산량이 획기적으로 개선된 것이다. 지표면을 살짝 건드려 파던 예전의 쟁기와는 차원이 달랐다. 저지대까지 심경농법이 미치자 생산량이 폭발적으로 늘어났고, 외면당하던 유럽의 광활한 저지대도 이제 달리 보였다. 작은 변화가 이런 획기적인 변화를 몰고 올 것이라고 예측했던 사람은 많지 않았을 것이다.

"근력과 지구력 측면에서 말이 소보다 분명 나을 거야."

인간의 궁리는 거침없이 이어져, 농지를 깊이 파헤치기 위해서는 소의 노동력으로는 모자란다고 생각하고 소의 짧은 목에 거는 전통적인 멍에를 여덟 마리 말에 동시에 거는 가슴걸이(Horse Collar)로 바꾸게 된다. 그래도 노동력 부족 현상이 가시지 않자 사라졌던 고대의 물레방

Fig. 349. — *Batteuse Damey à manège direct placé sous la batteuse.*

말을 이용해 탈곡을 하는 모습. 1881년 그림.

아를 다시 소환했다. 이로써 수력 제재기, 제분기 등 각종 기계들이 각 하천에 설치되었고, 물줄기가 흐르며 곡식을 찧고 빻았다. 어떤 지역에서는 풍차를 활용하여 바닷물을 퍼냈고 경작지를 넓혔으며 이렇게 수력을 활용하는 각종 기계들이 유럽 사회 전반에 자리 잡게 되었다.

이 당시 도입된 '3단계 윤작체계'를 살펴보자. 중세에는 농경지를 경작지와 휴경지로 나누었다. 흙의 기름기를 돋우고 땅을 더욱 비옥하게 만들기 위해 올해는 이 밭, 내년은 저 밭에서만 농사를 지었다. 3단계 윤작체계는 고대 지중해의 2분법을 3분법으로 변혁시킨 것이다. 첫해에는 밀, 두 번째 해에는 귀리, 콩, 완두, 보리를 심고, 세 번째 해에는 땅을 묵히는 방법이다.

심경농법과 윤작체계는 개별경작보다는 공동경작을 촉진시켰다. 무거운 쟁기와 여덟 마리의 말을 갖추는 것은 만만치 않았고, 3년에 한 번씩 쉬는 것도 큰 도전이었음에 틀림없다. 공동경작은 집단생활을 고착화시키고, 이는 유럽 사회의 기틀이 된 장원체제를 불러온다.

농업혁명이 일어나자 생산성도 늘어났다. 기록을 보면 예전과 비교하여 생산이 30~50% 증가한 것으로 나온다. 이에 상응해 인구도 늘어났다. 우랄산맥 서쪽의 인구는 600년 약 2,600만 명에서 1300년경에는 약 7,900만 명으로 치솟는다. 14세기에 10만 명 정도였던 파리의 인구도 크게 증가한다.

성과의 확산, 재투자

농업혁명의 성과는 대단했다. 장원을 구성했던 영주, 귀족, 농민들 모두의 성과라고 할 수 있을 것이다. 그중 누구의 역할이 가장 컸을까.

중세시대의 최고 지도자는 교황이라고 할 수 있다. 왕조차 '권력은 신이 내린다'는 왕권신수설에 기반하고 있었으니 신의 대리인으로서 교황이 최고의 권위를 가질 수밖에 없다. '교황 없는 권력'은 종종 '죽은 권력'으로도 비유되었고, 왕을 추대하거나 중요한 정책을 추진할 때도 교황과의 협의가 필수였다.

그렇다면 농업혁명이 이룬 성과로 얻게 된 경제주체별 부의 규모는 어느 정도일까. 정확한 규모는 알 수 없지만, 짐작해보면 교황청이 최고 수준일 것이고, 일부 귀족들은 사회계급 측면에서 실질적으로 추락한 것으로 보인다. 영지를 맏아들에게 상속하는 장자제도가 엄격하게 적용되었으므로 장남인지 혹은 차남 이하인지에 따라서도 계급이 갈렸다. 장남은 영주가 되었지만 차남과 다른 이들은 그냥 귀족으로 머물렀고 영지가 없는 기사, 즉 귀족의 수는 크게 증가했다.

한편 통치에 자신감을 획득한 교황은 세 가지 그럴듯한 사업을 생각해낸다. 이것을 현대적 의미로 보면 '물적 인프라', '인적 인프라', '농업혁명 확산' 사업이라고 분류할 수 있을 것이다.

인프라는 환경 혹은 토대라는 의미로, 물적 인프라와 인적 인프라로 구분할 수 있다. 물적 인프라 사업은 인구증가와 도시화의 진전으로 기존 성당이 부족해진 것을 감안하여 추진한 사업이다. 교황청은 "농업혁명은 신이 내린 축복이다"라는 고백과 함께 1175년 캔터베리 대성당, 1194년 사르트르 대성당의 착공에 들어간다.

인적 인프라 구축사업은 지도자를 육성하기 위한 교육사업이었다. 인구가 폭발적으로 증가하자 기존의 수도원으로는 어림없었기 때문이다. 기원후 500년 이후 유럽 전역으로 확산된 수도원은 필사하는 방(문

1096년, 교황 우르반 2세가 주재한 클레르몽 공의회. 그는 이 회의에서 십자군 원정을 호소했고 이에 1차 십자군 원정이 시작되었다.

헌을 베껴 쓰는 일을 하는 방)과 도서실을 갖추고 있었지만 그 수준은 형편없었다. 가톨릭 사제들은 문자를 해독할 수 있는 정도의 능력은 갖추었지만 교육 수준이 높은 것은 아니었다. 수도원에서는 대체로 고대에서 계승한 자유 7과(문법, 수사학, 논리학, 산술, 기하학, 음악, 천문학)의 기초를 교육하는 데 집중했다. 그리고 이런 교육수준을 획기적으로 끌어올릴 수는 없을까 하는 생각에서 대학이 등장하게 된다. 1088년 볼로냐 대학, 1160년 파리 대학은 가톨릭 지도자를 양성하겠다는 포부를 구현한 시설이었다.

농업혁명 확산 사업은 일종의 도약 프로그램이었다. 농업혁명을 다른 지역으로 확산하고자 한 것은 어쩌면 당연했다. 곡물의 생산 증대와 함께 교세 확장까지 가져올 수 있는, 욕심 나는 사업이었다.

전쟁을 통한 혁명의 확산도 도모했다. 1096년, 교황 우르반 2세(Urbanus Ⅱ)는 예루살렘을 되찾는다는 명목으로 교황권의 통치지역을 확대하기 위해 십자군 원정을 기획했다. 이후 십자군 원정에 거의 200년 동안 매달렸지만, 1270년의 마지막 8차 원정도 결국 아무런 성과 없이 끝나고 실패했다.

설마 전쟁사업을 기획했을까 하고 의구심을 가질 사람도 있을 것이다. 그러나 전쟁에 대한 현대의 부정적 사고는 전쟁의 참혹함을 깨달은 후에 형성된 것이다. 당시에는 '전쟁은 투자'라는 의식이 팽배했다. 포로는 무상 노동력 취득이요, 전리품으로 빼앗은 토지는 농업혁명의 새로운 확장기지였다. 이들이 8차까지 십자군 전쟁을 벌인 것은 농업혁명 성공에 대한 자부심이자 기필코 혁명의 추가 기지를 확보하여 다시 한번 부를 쌓고 도약하고자 하는 욕망 때문이었다고 볼 수도 있을 것이다.

역사는 이때 각 계층의 사람들이 각기 다른 꿈을 꾸었다고 전하고 있다. 추락한 귀족들은 영지를 추가 확보하여 '화려한 영주'로 수직 이동을 하고자, 농민들은 토지와 포로의 확보로 계층을 세분화하는 '혁신적 신제도'의 기득권을 얻고자, 상인들은 물자의 교류 확대를 통해 간절히 '한몫'을 건지고자 했을 것이다. 이처럼 십자군 전쟁은 모든 이들의 꿈이 집약된 하나의 거대한 투자 프로젝트였다.

그런데 끝내 십자군 전쟁이 아무런 성과 없이 끝나버리자, 1277년에는 '인적 인프라' 구축사업도 도마 위에 오른다. 이로써 원대한 포부를 가지고 순탄하게 추진되고 있던 교육사업에 급제동이 걸리고, 결과적으로 대학에는 회오리바람이 몰아치게 된다.

자체 도시 대학의 발전

중세 초기는 지식의 취득이라는 면에서는 특별할 것이 없었지만, 농업혁명의 성과로 대학이 설립되자 다른 세계가 펼쳐졌다. 대학이 당대 최고의 '핫 플레이스'로 등극한 것이다.

당시 대학은 특권을 가진 곳이었다. 도시의 일부 기능을 책임지는 소속 기관이 아니라 자율적으로 행정을 규율했던 조직이었다. 대학의 중요한 권리로 학위를 부여할 권리, 그리고 중세의 도시행정으로부터 자유로울 권리가 거론될 정도였다.

한편 독일과 프랑스의 옛 대학에는 자체 감옥이 있었다. 학생회 중심의 별도 자치조직에서 도시 행정의 법 규제를 벗어나 자체적으로 법을 집행했다. 통치자 입장에서는 농업혁명을 성공시켰다는 자부심도 일정 부분 역할을 했을 것이다.

당시 대학이 길러내고자 한 지도자상은 더 이상 한적한 농촌에서 신학에만 매몰된 사람이 아니었다. 교황은 '큰 그림'을 그린 것으로 나온다. 여기에는 제르베르 도일락(Gerbert d'Aurillacc, 945~1003)의 사례도 영향을 미쳤을 것이다.

제르베르는 이슬람 문화와 지식이 스며든 스페인 북부의 수도원에서 수학 기반의 과학을 공부하고 천문학의 기본을 다진 인물이었다. 이교도의 지식과 수학을 어느 정도 통달하고 있으면서 기독교적 중심을 잃지 않은 인물이었고, 이슬람교 교리에도 능통했다. 그는 후에 교황 실베스테르 2세(Sylvester Ⅱ)가 되었는데 지식과 품성 면에서 '통합적 지도자상'을 보인 것으로 역사에 등장한다.

대학의 역할은 점점 커져서 기독교를 넘어서서 국가 및 민간 부분에서 다양한 인력을 공급하기 시작했다. 성직자뿐 아니라 법률가, 의사, 행정가, 교사들이 대학을 통해서 새롭게 배출되었다.

이후 가톨릭을 벗어나 민간에까지 대학 설립이 허용되었는데 대학을 설립하려면 세 가지 방법 중 하나를 선택해야 했다. 교회를 통해 설립하거나, 지방자치단체 즉 도시가 설립을 주관하거나, 혹은 국가의 왕이 교황의 허락을 받아 설립할 수 있었다. 파리 대학, 옥스퍼드 대학,

케임브리지 대학은 교회가 설립한 대학이고, 볼로냐 대학은 시가 설립을 주관했으며, 시칠리아의 나폴리 대학은 국가가 교황의 허락을 받아 설립했다. 이렇게 1220년에서 1500년까지 대략 80개의 대학이 줄지어 생겨났다.

그 당시 대학의 주요 부문은 의학부, 신학부, 법학부였다. 이들 3개 부문은 선별된 학생들에게 해당 부문의 고급지식을 가르쳤고, 교양학부는 시작 단계의 학생들에게 교양을 가르친 것으로 나온다. 오늘날 대학의 모습은 이렇게 중세부터 이루어진 체제에 바탕을 두고 있다.

14세기에 그려진 볼로냐 대학의 모습. 볼로냐 대학은 시가 설립을 주도했다.

핵심 교과목으로 자유 7과 중 네 과목(Quadrivium)–산술, 기하학, 음악, 천문학–이 나름 중요한 위치를 차지했고, 특히 자연과학은 전문 직업 훈련의 예비적 단계로서 일부 학생들이 집중적으로 공부해야 하는 과목이었으므로 교양과정에서 핵심적 위치를 차지했다.

1085년에 기독교인들에게 점령된 이슬람의 대도시 톨레도(Toledo)에서는 이슬람의 방대한 자료들이 라틴어나 스페인어로 번역되었다. 스페인계 유대인들은 방대한 이슬람 자료들을 스페인어로 번역했을 뿐만 아니라 히브리어나 라틴어로도 번역했다. 1120년대에 유클리드의 『기하학원론』을 번역했을 뿐만 아니라, 1175년에는 프톨레마이오스의 『알마게스트』를 포함하여 총 70~80권에 이르는 거대한 원작들을 번역한 것으로 알려져 있다. 르네상스 시대에 그리스 원서를 통해서 더 정교한 방법으로 번역이 체계화되지만, 그 전인 1200년대에 이미 번역의 도움으로 서양 학문의 골격을 형성한 것은 그 의미가 더욱 크다고 평가할 수 있다.

대학은 신학을 넘어 중세에 필요한 다방면의 인력을 배출하면서 엄청난 속도로 변모했다. 따라서 통치자 입장에서는 과연 이대로 두어도 괜찮을까 하는 고심을 했을 것이다.

대학의 이탈과 대주교의 회신

12세기는 '번역', 13세기는 '충돌'의 세기라고 할 수 있다.

"세계는 과연 신의 손에 의해서 창조되었는가."

신의 대리인인 교황이 통치하던 당시에는 대놓고 이런 질문을 던질 수 없었다. 이성과 신성이 충돌하는 시기였다. 많은 부분에서 전통적인 기독교 세계관과, 그와 상반되는 아리스토텔레스를 비롯한 고대 그리스의 이성 중심 학문이 서로 충돌했다.

당시 아리스토텔레스의 논리학과 분석적인 방법은 모든 학문의 핵심적인 연구방법론으로 자리 잡고 있었다. 대학에서는 아리스토텔레스의 학문적 업적을 기독교의 세계관과 분리시키면서 학문을 추구했고, 그런 노력 속에서 새로운 이론이 탄생했으며, 기독교 신학과 아리스토텔레스 학문이 '기가 막힌 동거'를 이어갔다. 물리 등 자연철학에 대해서는 아리스토텔레스의 이론을 따랐지만, 신의 법칙은 신의 말씀(성경)에 따르는 교묘하게 결합된 논리가 대학가에 흘렀다. 말하자면 "자연과 성경을 연구함으로써 신의 존재와 본성을 알 수 있을 것이다"와 같은 식이었다.

그런데 1277년 이러한 동거를 거부하는 거대한 힘이 작동하게 된다. 파리의 대주교 에티엔 탕피에르(Etienne Tempier, 1210~1279)가 아리스토텔레스의 자유로운 사상을 엄단한다고 선포한 것이다. 그는 선언에서 그치지 않고 '유죄판결'로 언도를 내림으로써 수많은 연구를 금지했는데, 초기에는 금지 목록이 13가지 명제에 한정되었지만 이는 나중에 219개까지 확대된다.

이 금지 목록에는 예를 들면 '세계는 영원하다' 혹은 '영혼은 육신이 죽은 후에 살지 못한다' 등 신학 사상을 거부하는 명제들이 들어 있었다. 이들 명제는 아리스토텔레스의 자연철학에 근거한 주장으로, 기독교의 창조설과 영혼 불멸설을 정면으로 거부하는 주장들이었다. 탕피에르의 선포는 더 이상 이런 명제들이 연구나 가르침의 대상이 될 수 없다는 판결이었다.

탕피에르의 유죄판결은 파리 대학에서 수십 년 동안 유효했고, 옥스퍼드 대학에까지 그 파급효과가 확대되었다. 또한 이는 교양학부와 신학부의 세력 대결로 확대되었다. 교양학부의 교수들은 철학과 자연과학을 독립적인 지식체계로 받아들여야 한다고 주장했고, 결국 13세기 내내 신학자들과 철학자들 사이에는 지적인 충돌이 끊이지 않았다. 이것이 13세기를 '충돌의 시기'라고 칭한 이유이다.

파리 대학의 유죄판결 사건을 '인적 인프라' 구축사업의 측면에서 바라본다면 그 밑에는 자신감 결여가 깔려 있다.

농업혁명의 초기 상황에서는 두려움이 없었다. 농업혁명이 성공하고 인구가 증가했으며, 도시의 발달이 줄줄이 연결되어 하나의 거대한 힘으로 다가왔기 때문이다. 그러나 십자군 전쟁이 끝내 좌절된 1270~1277년은 교황에게는 참으로 가혹한 시간이었다. 원정이 실패했다는 현실을 수긍하기 어려웠을 것이기 때문이다.

통치자의 입장에서는 예전의 확대 지향적 목표들을 축소하고 싶었을 것이다. 그러나 인적 인프라 구축사업은 너무 많이 진척되었고 되돌리기는 벅찼을 것이다. 이에 대학의 모습을 확 바꾸는 방법을 고민할 수밖에 없었을 것이다. 교황 요한 21세는 파리 대주교에게 교서를 보내 "잘못된 신앙을 고취시키는 인물과 작품이 무엇이냐"고 물었다. 파

1277년 파리의 대주교 에티엔 탕피에르는 아리스토텔레스와 에바로스의 사상을 엄단하겠다고 선포했다.

리 대주교의 '219개의 오류에 대한 단죄칙령'은 교황에게 보내는 답신으로 볼 수 있다.

중세는 농업혁명의 성과를 중심에 두고 봐야 한다. '부의 혁명'을 이룩한 유럽은 거침이 없었고 인적 인프라, 농업혁명 확산 사업을 통해 또 한 번의 도약을 노렸다. 인적 인프라 사업은 현대의 시각으로 보아도 대성공을 거두었다. 반면 십자군 전쟁은 전쟁의 승리를 통해 혁명의 확산을 도모하였으나 끝내 좌절되었다. 이에 교황은 심한 불균형을 발견했을 것이다. 이 불균형을 어떻게 할 것인가.

대학의 부흥은 놀라운 치적이라고 볼 수 있다. 신학에 함몰되지 않고 '큰 그림의 지도자'를 양성하겠다는 취지는 성과를 가져왔다. 갈릴레오와 코페르니쿠스의 천문학, 뉴턴의 '자연철학의 수학적 원리'라는 중력과 운동법칙 중심의 물리학 등 과학혁명은 세계를 뒤집어놓는다. 이는 모두 중세의 대학이 주춧돌을 놓은 거대한 성과이다. 핵심 키워드로 시대를 조망해본다면 농업혁명은 '대성공'했지만 십자군 전쟁은 '대참패'를 경험했다. 한편 중세는 대학의 설립과 번영이라는 '대반전'을 거둠으로써, 근대로 이어지는 중요한 역할을 마무리했다고 볼 수 있다.

시대를 투자와 부의 시각으로 보는 것은 중요하다. 또한 미래의 성과는 과거의 성과 분석에 기초하는 경우가 많다. 큰 그림으로 사물과 역사를 바라보면, 주요 사건마다 힘의 분산점이 어디이고 지배자가 특정한 사안에 매달리는 이유가 무엇인지 등을 볼 수 있을 것이다.

The great reversal of wealth

기업 및 국가 편

2

Part

Industrial revolution

기가 막힌 업종 변천의 원리

업종 변화는 시대의 힌트이다

경제사를 돌아보면 멀쩡한 업종이 하루아침에 사라지기도 하고, 뜻밖의 업종이 세계를 뒤집어놓기도 한다. 다양한 업종의 변천은 인류의 역사 속에서 요동쳤고, 인간의 삶을 바꾸기도 했다.

로스차일드(독일어로는 '로트실트') 가(家)의 1대인 독일 은행가 마이어 암셸 로스차일드(Mayer Amschel Rothschild, 1744~1812)는 새로운 사업을 적절하게 활용하여 거대한 부를 일군 사람으로 유명하다. 그는 전쟁이 비즈니스를 가로막자 전쟁도 하나의 '돈을 버는 업종'으로 탈바꿈시켰다.

통행세와 돈을 버는 시스템

중세 독일의 영주들에게 라인강은 의미가 각별했다. 비가 오나 눈이 오나 결코 마르지 않는 강물은 그들에게 희망이었다. 만약 라인강이 가뭄으로 말라버리는 규모였다면, 독일의 역사는 많이 달라졌을 것이다.

역사적으로 인간은 언제나 저절로 돈이 불어나는 시스템을 욕망해왔다. 통행세가 바로 그 예이다. 독일의 영주들은 라인강을 가로지르는 쇠줄을 쳐서 길을 막고 통행세를 받았다. 더 이상 강물은 신이 내린 자연의 선물이 아니었고 지배자들의 물욕을 채워주는 아주 좋은 시스

팔츠그라펜슈타인성과 구텐펠스성. 당시 통행료를 내지 않으면 상인을 지하감옥에 가두기도 했다. 그림은 1900년 무렵의 모습이다.

템이 되었다. 영주들은 라인 강변에 멋진 성곽과 망루를 높이 세워놓고, 현금을 낼 통행인이 어디쯤 오는지 멀리서 지켜보았다.

"멀리 보이는 저 배는 한 시간이면 충분히 도착하겠지."

망루와 성곽 내 숙소에는 통행세를 받아낼 인력과 군인을 배치했고, 강에 긴 쇠줄을 걸어놓고 선박 통행을 가로막았다.

"물길을 이용하려면 상응하는 대가가 있어야 할 것이오!"

상품을 싣고 강줄기를 따라가는 상인들의 배 앞에는 연이어 통행세 검문소가 나타났다. 통행세를 받는 근거가 도대체 무엇인지, 화가 나도 그대로 삼킬 수밖에 없었다. 서슬 퍼런 칼로 내려찍을 기세인 무장 군인들 앞에서 통행세 지불을 거부할 수는 없었다.

영주들은 그렇게 강압과 협작(挾作)으로 걷어들인 통행세를 재투자했다. 통행세를 받아서 웅장하게 건축한 건축물들은 지금도 온몸으로 그 역사를 보여주고 있다. 굽이굽이 흐르는 라인강변에 늘어선 성곽들은 부와 권력의 상징이다. 독일의 건축기술을 자랑하듯 우뚝 솟아 있지만, 실상은 자율적 통상을 가로막았던 흔적이다.

통행세는 영주와 귀족계급의 기득권이 만들어낸 제도였다. 당시 영주들의 재정적 능력은 천차만별이었는데, 돈이 부족한 영주는 농민들을 팔아넘기기도 했다. 부채 상환이 불가능할 정도로 궁핍한 영주의 경우 종종 마을 거주민 전체를 통째로 다른 영주에게 넘겼다. 농민들의 노동력은 독일 영주들에게 분명 성능 좋은 또 다른 '시스템'이었을 것이다. 그런데 관할 지역이 바뀌면 통행세를 받는 주체가 바뀌면서 검문소가 다시 살아났다. 아까 받은 영수증은 이번 통행세 미지급의 번호표

노릇을 했다.

통행세의 근거는 무엇일까? 영주와 귀족의 오랜 기득권, 지배력이 그 이유일 뿐이었다. 힘을 가진 측이 강력히 들이밀어 한 번이 두 번이 되고, 두 번이 세 번이 되고 하다 보면 결국 의무가 되어버린다. 통행세가 딱 그런 시스템이었다.

물론 통행세는 존재의 근거가 없다며 강력하게 반발하는 세력도 만만치 않았다.

"시대정신의 반역이오."

무역을 하는 상인들은 전략을 바꾸어 합리적으로 조목조목 따지면서 부당함을 호소했다. 그러나 영주들, 특히 재정적으로 옹색한 영주들은 이렇게 버티는 세력에게 더욱 분노했고 통행세를 없애는 것은 또 다른 문제라고 논리를 세웠다.

이에 독일 중심의 북해 및 발트해 연안의 도시들은 연합하여 상업을 중심으로 하는 동맹체를 구성했다. 브레멘, 함부르크, 쾰른이 상호 연합하여 거대한 동맹체로 점점 커져갔고, 100여 개 이상의 도시들이 강력한 동맹의 주체가 되었다. '한자(Hansa)동맹'은 역사에 이렇게 등장한다. 이 동맹이 사용했던 화폐 이스털링(Easterling)은 영어 스털링(Sterling)의 기원이 되었고, '한자'라는 명칭은 독일의 항공사인 루프트한자에 지금도 그 이름을 남기고 있다.

한자동맹은 강력한 해군을 갖추고 공권력을 공식화했다. 회원 수도 지속적으로 늘어났다. 동맹을 맺은 도시들은 지금 보면 합리적 기반 위에서 정당한 이권으로 뭉쳤다고 볼 수 있지만, 당시의 시각으로 보면

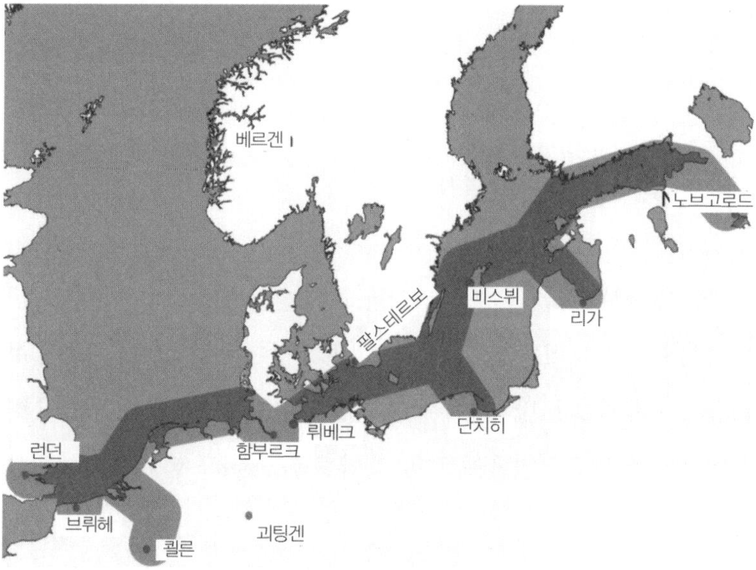

북유럽 한자동맹의 주요 교역로.

관습에 대한 거부였다.

그러나 한자동맹의 물리적 힘은 기대 이상이었다. 절대왕정의 국왕조차 한자동맹의 군사력에 고개를 절레절레 흔들었다. 한자동맹은 수도를 뤼베크로 정하고, 강력한 단결과 군사력으로 가맹 회원국의 상업적 행위를 보호하며 국가 이상의 기능을 갖추게 되었다.

14세기에 스웨덴 국왕이 독일 상인이 너무 거만하다는 이유로 투옥을 결정하자, 한자동맹은 스웨덴 선단을 나포하기에 이른다. 무시무시한 통행세의 기득권을 붕괴시킨 근원적 힘은 인간의 이성적 가치판단이 아니었다. 경제적 기반의 동맹이 통행세를 없애는 데 결정적 역할을 했던 것이다.

한자동맹, 무역업과 용병사업

한자동맹은 분명 국가는 아니었지만 그 기능과 의사결정 과정을 보면 국가의 표준적 모델을 보여주었다. 이권의 방어를 위해서는 기꺼이 무력행사도 자행했다. 당시에는 강인하지 못하면 장사를 할 수 없었기 때문이다. 상인이 되려면 첫째도 힘, 둘째도 힘, 셋째도 힘이 반드시 필요하다고 역설했다.

한자동맹에 소속된 선주들은 강한 선장 지원자를 골라내기 위해 연기 나는 굴뚝을 통과하게 하거나, 바다에 머리를 처넣고서 고개를 내밀면 후려치는 시험을 볼 정도로 강인한 정신력을 요구했다. 한자동맹은 외교권만 있었다면 국가에 버금가는 세력이었다.

무역 상인들이 한자동맹으로 힘을 모으자, 라인강을 따라 도도하게 흐르던 통행세는 자취를 감춘다. 결국 무역업의 등장으로 영주들이 힘을 잃고 역전패를 당했다고 볼 수 있다.

독일은 하나의 국가로 통일되기 전 여러 작은 국가들로 쪼개져 있었다. 그 많은 도시국가 중 헤센-카셀은 특이한 사업을 영위했는데, 바로 용병사업이었다. 이 용병들은 미국 독립전쟁(1775~1783) 때에도 돈을 받고 대신 싸웠다.

그렇다면 중세의 최대 사업은 무엇이었을까? 독일 영주와 황제들의 재정적 입장으로 다시 돌아가보자. 독일 영주의 입장에서 보면 농민들을 다른 영주에게 넘기는 것은 향후의 수입원까지 송두리째 넘어가는 뼈아픈 고통이었을 것이다. 미래의 수익원을 도려내는 고통을 치르지 않고 자금을 융통해서 해결하는 방법이 없을까? 유럽의 영주와 황제들은 15~18세기에 자본가로부터 대출을 융통할 수 있었다.

로스차일드 가문은 금융과 전쟁을 통해 돈을 번 것으로 유명하다. 초기에 이들은 당시 가장 수익이 좋다고 생각되는 무역업에 착수하려고 했지만, 전쟁이 앞을 가로막자 전쟁을 통한 돈벌이에 본격적으로 뛰

네이선 로스차일드의 초상화. 그는 독일계 유대인 은행가이자 국제금융 창립의 아버지로 일컬어지는 마이어 로스차일드의 손자다.

어들었다. 이들은 전쟁기간 동안 어떻게 돈을 벌 수 있었을까?

사람들은 로스차일드 가문이 거대한 부를 일군 데에는 엄청난 비결이 있었을 것이라고 생각한다. 하지만 이것은 반은 맞고 반은 틀린 생각이다.

1744년 독일 프랑크푸르트 암 마인에서 태어난 마이어 암셸 로스차일드는 독일 지역의 하노버 은행에서 일하면서 금융업의 기본을 배운 뒤 고향으로 돌아가 옛날 돈을 파는 장사를 시작했다. 일반인들에게 헐값으로 옛날 돈을 사들여 귀족들의 집을 돌아다니면서 이를 되팔았던 것이다. 싸게 사서 비싸게 파는 것이야말로 마진을 확보하는 방법이었다.

마이어가 가문을 새롭게 일으킨 결정적인 계기는 1768년 프로이센의 황태자 빌헬름(1785년 빌헬름 9세로 군주에 오름)의 자금 관리인이 되고 나서이다. 마이어는 다섯 아들을 두었는데, 유럽의 상황을 감안하여 이들을 각각 다른 도시인 프랑크푸르트, 런던, 파리, 빈, 나폴리로 보낸다. 그리고 이것이 큰돈을 버는 결정적 계기로 작용한다.

특히 마이어가 거대한 부를 이루는 데에는 셋째 아들 네이선(Nathan Mayer Rothschild, 1777~1836)이 결정적인 역할을 했다. 마이어는 아들 네이선과 공동으로 영국의 면직물 사업에 손을 대어 독일에서 단순 판매만 해도 엄청난 이익을 얻을 수 있을 거라고 생각했다. 대담하게 현재의 상황을 거꾸로 활용하려는 마음을 먹은 것이다. 그리고 1798년, 마이어는 2만 파운드, 즉 현재 가치로는 약 40억 원에 달하는 돈을 당시 22세였던 셋째 아들인 네이선에게 건네주면서 업종에 관한 언질을 준다.

"새롭게 떠오르는 태양의 나라에서는 여기서 보이지 않는 좋은 기회가 있을 거야. 영국산 면직물을 수입하여 독일에 판매하는 사업도 괜찮지 않을까?"

영국산 면직물의 수입은 그 당시 훌륭한 대안이었다. 아들인 네이선은 영국에서 면직물을 수출하고, 아버지인 마이어는 독일에서 수입해 면직물을 판매하는 사업은 승산이 있어 보였다. 그런데 세상은 그리 호락호락하지 않았다. 그 계획은 순식간에 바뀌게 된다.

대륙봉쇄령과 로스차일드

당시 유럽의 상황은 혼돈 그 자체였다. 1789년 프랑스 대혁명으로 절대왕정이 붕괴되자, 유럽의 많은 국가는 프랑스와 같은 상황이 반복될까 노심초사했다. 빌헬름 9세는 자금의 은닉처로 독일보다는 영국이 더 낫다고 생각했다.

마이어와 네이선에게도 자금의 안정성이 분명 최우선이었을 것이다. 영국 국적을 취득한 네이선은 런던에 은행을 설립하기로 결정한다. 당시 런던은 화려함을 자랑하는 세계 최대의 금융도시였다. 마이어는 영국으로 자금을 송금했다.

그런데 당시 어린 나이였던 네이선이 자금관리와 운용의 핵심을 알았을까? 영국과 동맹국에 전쟁자금을 대출해주는 문제는 빌헬름 9세가 결정을 내렸을 가능성이 높다. 빌헬름 9세가 위험천만한 제안을 한 것이었다. 즉 로스차일드 가문 명의의 당시 자금은 실제로는 빌헬름 9세의 돈이었을 가능성이 매우 높다.

무역 업종에서 운용하던 자금을 전쟁자금으로 전환하는 것은 참으로 신속하게 이루어졌다. 네이선은 스페인과 포르투갈에 파병된 영국군 군대에 자금을 댔다. 영국군이 벌이는 전선은 끊임없이 확대되었고, 대출 규모도 눈덩이처럼 늘어났다. 만약 영국이 전쟁에서 패한다면 돈을 날릴 수도 있었다. 그러나 전쟁의 결말은 도저히 알 수가 없었다. 끝나는 줄 알았던 전쟁이 다시 살아나서 수세에 몰리고, 또 역전을 하기도 했다.

1815년 영국군은 워털루에서 엘바 섬을 탈출한 나폴레옹과 최후의 결전을 벌였다. 여기에서 만약 영국이 패배한다면 분명 빌려준 거대한

1815년 나폴레옹의 워털루 전투. 네이선은 영국에 전쟁자금을 대출했으며, 대륙봉쇄령으로 큰 돈을 벌었다.

자금을 받을 수 없게 된다. 아무리 대출자가 상환 의지가 확실하다 하더라도 패전의 순간, 모든 것이 사라질 수 있었다. 그런데 다행히 승리의 여신은 로스차일드 가문을 도왔다.

빌헬름 9세가 전쟁자금으로 돈을 댄 배경과 관련해서는 여러 가지 추리가 가능하다. 빌헬름 9세는 아버지인 프리드리히 2세의 영향을 받은 것으로 보인다. 독일이 통일되기 전에 헤센-카셀이라는 작은 국가의 영주였던 프리드리히 2세는 용병사업을 통해 거대한 수익을 올렸고, 자식에게 거금을 상속했다. 그러므로 빌헬름 9세에게 전쟁은 특수한 기회로 비쳤을 가능성이 높다.

네이선은 전쟁자금 대출을 통해 실력을 발휘하더니, 무역업을 통해서도 기대를 저버리지 않았다. 여기에 그치지 않고 나폴레옹이 영국을 상대로 대륙봉쇄령을 단행할 때도 엄청난 도약의 기틀을 마련한다.

대륙봉쇄로 인해 영국의 상품이 유럽 대륙에 들어가지 못하면 어떤 현상이 벌어질까? 당시 프랑스에는 커피, 설탕, 면제품이 부족했지만 영국에는 남아돌았다. 대륙봉쇄령은 절호의 기회였지만 최대의 위험이기도 했다. 네이선은 영국에서 상품을 싼값에 사서 어마어마한 마진을 남기고 유럽 시장에 내다 팔았다. 무역업으로 거대한 이익을 본 것이다.

네이선이 누렸던 우선적 권리는 특혜임이 분명했지만, 그는 성공으로 보답했다. 유럽은 영국이 전쟁에서 승리한 원인이 로스차일드 가문에서 전쟁자금을 댔기 때문이라며, 그들이 유럽 전체를 구하기 위해 전쟁자금을 댄 것이라고 칭송했고, 로스차일드 가문에 무역 등에서 특혜를 계속 주었다. 한편 유럽 전역에서 전쟁의 폐허가 복구되면서 유럽 국가들이 발행한 채권가격도 폭등했다.

이상의 역사를 통해 업종 변천의 과정을 다시 살펴보자. 기록을 그대로 따라가보면 강을 따라 통행세가 등장했고, 통행세가 무역업에 지장을 초래하자 군사력이 중요해지고, 군사력이 힘의 중추임을 깨달은 사람들은 용병사업에 직접 뛰어들었으며, 전쟁을 거치며 군인을 대는 용병사업과 '돈줄'을 대는 금융업이 엄청난 호황을 누리게 된다.

물론 업종 변경의 과정이 순탄하게 이루어지지는 않았다. 기득권을 내세우고 폭력적 대결을 거친 후에야 비로소 가까스로 용인되었다. 그리고 이 과정에서 결국 용병사업은 국가의 국방으로 탈바꿈한다.

세계적인 부호 마이어와 네이선이 신규 업종을 어떻게 활용했는지 주목해보라. 초기에는 쉽지 않았다. 전쟁이 무역업을 가로막았고, 그러자 네이선은 전쟁마저 '돈 버는 업종'으로 활용한다. 결국 그는 사회 변동의 틈바구니에서 새롭게 떠오르는 금융업과 무역업에서 거대한 부를 형성했다.

제조업의 이탈과 틀의 변화

의사결정의 대반전, "차라리 뒤집어라"

중세의 선대제도(先貸制度), 즉 상인이 생산업자에게 원료와 기구를 주고 상품을 만들게 한 뒤에 모두 도맡아갔던 제도에서는 생산업자의 마진이 확정되어 있었다. 그러나 상업 및 산업의 발달로 다양한 분야에서 전문 제조업자들이 등장하자 이제 생산업자의 마진은 불확실해졌고, 시장의 수요와 공급에 따라 달라지게 되었다. 이러한 현상으로 인해 경제의 틀이 변하기 시작했고, 의사결정 과정에서도 '대반전'이 일어나게 된다.

제조업자의 등장

선대제도에서 '선대'란 '미리 자금을 융통해준다'는 뜻으로, 상인이 재화 생산에 필요한 원료, 인력, 설비를 확보해주고, 장인은 상인이 의뢰했을 경우에만 물건을 만들었다. 즉 생산설비를 소유한 상인이 외부 시장에 판매할 상품을 확보하기 위하여 제조업자에게 생산을 의뢰하는 시스템이었다. 이 경우 제조업자는 상인 없이 홀로 설 수 없었고, 제조업은 철저하게 상업의 우산 속에서 성장했다. 이는 당시의 유통 중심적 산업체계를 보여준다.

유럽의 경우 선대제도는 신대륙 발견 이후 도시를 넘어 농촌 지역까지 파고든다. 이런 상황에서 전문적 제조 기업가의 등장은 유럽의 산업을 송두리째 바꾸었다. 또한 일반 제조업에서는 확정성에서 역동성으로 확실하게 대반전이 일어났다.

물론 처음에는 많은 사람들이 참여하기를 망설였다. 선대제도는 확정 마진을 기대할 수 있었지만, 전문적 제조업자로 바뀔 경우 마진이 불확실했기 때문이다.

"드디어 올 것이 왔구나. 그런데 왜 자꾸 불안한 것일까?"

상황을 주시하던 장인들은 망설였고, 일부 한탄하는 사람도 있었다.

전문적 기업가는 생산을 전문적으로 수행하면서 시장을 선도하는 계층이다. 모직물과 견직물 제조에 필요한 원료를 구매하는 것도 기존 방식과는 확연히 달랐다. 유통업의 기능적 보완으로 주어지던 확정 마진은 더 이상 유효하지 않았다.

초기 전문 제조업자들의 선택과 등장은 무모해 보였다. 이들은 본인의 자금으로 원료를 직접 구입해 직접 생산에 뛰어들어야 했다. 생산품의 가격이 폭락한다면 위험할 수밖에 없는 상황이었다. 투자액이 증가할수록 위험도 더욱 커졌다. 기회로 여기는 자와 상황에 내몰리는 자가 나뉘었다. 기존 방식에서의 '이탈'은 불확실성을 증가시키며 참혹한 대가를 가져올 수 있었다.

"농촌 지역은 더 이상 생산의 적임지가 아니야!"

제조업자들은 토지와 원료를 직접 매수하기 위해 자금을 박박 긁어모았다. 또한 기존의 '반농반공' 형식의 어정쩡한 고용 형태가 아니라, 이제는 오로지 상품 생산에 전념할 수 있는 핵심 인력이 경쟁력을 결정

1805년 런던 길드홀을 그린 동판화. 런던의 길드홀은 도시 자치의 중심이기도 했다.

할 것이라는 것을 깨달았다. 두뇌 회전과 행동이 재빠른 직공은 바로 현금과 다름없었다.

한편 상인들은 기존 방식을 그대로 고수할지, 아니면 전문 제조업자로 변화해야 할지 중대한 결정을 내려야 했다. 전문 제조업자가 되어 제품을 대량생산해서 창고에 쌓아두었는데 판매가 안 된다면 그대로 손실을 봐야 할 판이었다. 일정률의 마진을 붙여도 그 가격에 판매된다고 확신할 수 없는 상황에서 가격을 결정하는 것은 큰 책임이 따를 수밖에 없다. 따라서 가격이 너무 높은 것은 아닐까, 차라리 질을 더 높이거나 효용을 더 높이는 대신 가격을 더 올릴까 같은 생각을 하며 불안하고 조바심을 낼 수밖에 없었다.

전문 제조업자는 더 이상 단순히 물건의 매도자가 아니다. 훌륭한 제품은 숭상의 대상이 되고, 경쟁력 없는 제조업자는 철저하게 망하게 된다. 경쟁은 여유로움을 빼앗아가며 삶의 긴장과 불확실성을 증가시킨다. 역동성이 인간을 불안으로 내몰았고, 살벌함과 냉혹함이 삶을 지배했다. 그리고 또 다른 과제가 인간의 도전을 기다리고 있었다.

자아가 '허상'인 이유

자아에 대한 인간의 생각도 변화한다. 어떤 사람들은 의사결정의 힘은 자아에서 나온다고 말하지만, 사실 의사결정은 통합이 핵심이다.

철학사에서 르네 데카르트(1596~1650)는 중세 철학을 거부하고 합리주의의 출발을 알렸으며 인간의 이성을 중시했다. 그는 절대적인 진리와 철저한 학문 방법을 찾기 위해 모든 것을 회의한 끝에, 결국 생각하는 '나'가 존재한다는 것은 의심할 수 없는 진리라는 것을 발견하게 된다.

하지만 미국의 사회학자 찰스 쿨리(Charles Horton Cooley, 1864~1929)에 따르면 개인의 자아의식은 실체가 아니라 타자와의 상호작용이 만드는 '투영값'이며, 개인과 사회는 각각 분리된 존재가 아니다. 타인과의 상호작용이 자아를 형성하고 다시 상대방에게 반영되며, 이것이 집합적으로 이루어지면서 사회 공동체를 구성한다는 것이다.

"나는 내가 생각하는 '타인'이 생각하고 있는 '나'이다."

그에게 자아는 사회를 반영하는 투영체이고, 사회는 자아를 반영하는 또 다른 투영체이다. 인간은 결국 다른 사람들의 시각에 자신이 어떻게 인식될까를 재인식하는 존재이며, 인간의 자아는 상대방을 비추는 하나의 거울에 불과하다는 것이다. 즉, 근대 합리주의에 의해 웅장하게 탄생한 자아는 찰스 쿨리에 이르러 결국 실체 없는 투영체로 전락하고 만다.

찰스 쿨리가 제시한 거울 자아는 세 가지 요소로 구성된다. 첫째, 타인의 눈에 비친 자아의 모습에 대한 사고이다. 자아 인식은 나의 주체적 사고에서 출발하지 않으며, 다른 사람에게 비친 자아의 모습이 기준이라는 것이다. 둘째, 나의 모습에 대한 타인의 사고이다. 셋째, 자부심 혹은 굴욕감 같은 자기 강화 혹은 자기 약화의 의식으로 반영된다. 즉, 자부심과 자존심도 자아가 느끼는 절대적인 감정이 아니라 타자의 의식이 만드는 허구라는 것이다.

욕구 충족의 거부

인간의 역사를 욕구 충족의 역사라고 하는 사람들이 있다. 정말 그럴까? 부의 기준이 새롭게 바뀌면 비교를 통해 다시 새로운 욕구가 창출된다. 새로운 재산을 획득해도 그 충족은 한시적 만족에 불과하다. 자아는 타인과 사회를 통해서 끝없이 존재를 검증하고자 하며, 이는 만족을 거듭 지연시킨다.

우월하고자 하는 인간의 욕구는 역사를 관통한다. 재산을 비교하며 타인보다 우월감을 느끼려 하고, 계급의 피라미드를 오르려 한다. 그러나 경제적인 측면에서 타인보다 높은 평가를 받고자 발버둥치는 것은 지속되는 불안을 보여줄 뿐이다. 완전한 충족은 없으며, 경제적인 숫자도 부질없다. 가혹한 상대평가만이 영원히 지속되는 것이 현실이다.

결국 인간은 주체적 자아를 얻지 못하고 객체로 전락한다. 주체성이 없으니 항상 비교하고 자신을 파괴한다. 긴장의 연속이다. 욕구가 욕구를 재창조하는 사슬은 영원하다.

인간의 욕구는 소비적 행위와 관습에서도 그대로 드러난다. 필요하기 때문에 소비를 하는 게 아니라, 소비를 통해 타인에게 우월성을 보여주고자 한다. 소비행태와 행동의 유형은 우월적 지위를 분명하게 표시하는 중요한 수단으로 변질된다.

귀족 여성과 피고용인의 복장, 특히 근대의 하인들이 입는 제복 사이에는 뚜렷한 공통점이 있다. 어느 것이나 필요 이상의 가치를 교묘하게 과시하고자 고안되어 있다는 점이다. 특히 여성의 옷에서 신체적 편의성은 무시되며, 잘록한 허리와 같이 인위적인 미적 기준에 맞추기 위한 노력이 계속된다.

또한 살짝만 움직여도 속살이 훤하게 보이는 옷은 태만한 생활방식을 교묘히 과시한다. 이런 면에서는 움직일 때 불편한 옷일수록, 가격이 비쌀수록 효용이 높아진다.

한편 피고용인도 자신을 위해서 옷을 입는 것이 아니다. 예속을 나타내는 화려한 색깔은 주인의 고귀한 신분을 암시하며, 고용인의 이미지를 강화한다.

노동을 하지 않아도 살 수 있다는 과시성도 중요하다. 노동에서의 이탈은 부의 충분한 소유를 의미하기 때문이다. 중국에서는 여성의 발을 천으로 꽁꽁 묶어 성장을 억제하는 전족(纏足)을 강요했다. 송나라 때 시작된 전족은 명 · 청 시대 귀족계급의 과시적 욕구로 확산되었다. 작은 발은 걸음걸이를 불편하게 하고 노동능력을 감퇴시켰으며, 여성들은 그로 인한 지독한 고통을 견뎌야 했다. 절룩거리는 여성의 걸음은 노동으로부터의 단절을 과시하려는 우월감의 표현이었던 것이다.

우월 욕구의 변형, 불평등과 평등

인간은 일반적으로 존재의 확실성을 붙들고 싶어 한다. 나 자신의 부재는 만물의 부존재로 귀결되기 때문이다. 또한 인간은 물리적으로, 심리적으로 철저한 계층을 만들어 우월 욕구를 탐닉한다. 인류는 평등을 추구해온 것처럼 보이지만, 사실은 불평등을 즐겨왔다.

인간은 본성적으로 계급적이라는 루소의 말은 지금도 통한다. 인류의 역사는 부를 둘러싼 갈등의 결과이다. 그 결과 사회적 계층화가 이루어지며 부는 폭력성을 낳고, 불평등의 심화는 자유를 위협한다.

권력과 힘은 계층을 만드는 또 다른 핵심 요소이다. 루소가 살던 시절, 귀족계급이 부를 쌓아올렸던 이유는 권력과 힘이 있었기 때문이다. 권력과 힘은 지금 이 순간도 작동하며 계층의 상향과 하향을 결정하고 확정한다.

또한 대를 이어 계층이 이어지는 데에는 직업이 결정적인 영향을 미친다. 직업 계층화의 중요한 기준은 부를 생성하고 집적하는 것이 얼마나 수월한지의 여부가 된다.

앞에서도 거듭 이야기했지만 우리는 때로는 경제적 시각으로, 때로는 문화적 시각으로, 또 때로는 철학적 시각으로 사건을 새롭게 규정해야 한다. 이를 통해 세계의 작동원리를 파악하고 사회변동의 방향성을 꿰뚫어보는 것이 중요하다.

인간 본성을 바라보는 두 가지 시각, 자극과 장치

본성을 거세하라

인간의 본성과 행동은 많은 학문의 연구대상이 되어왔다. 인간의 본성을 어떻게 규정하고 어떻게 이해하느냐에 따라 임금 및 성과급 제도의 취지와 골격 역시 달라져야 한다. 여기에서는 역사 속 이데올로기의 변천 및 종교의 역할을 비롯해 사회 변동의 원초적 대립을 인간 본성과 연관시켜 살펴볼 것이다.

기본급과 성과급의 최적비율

19세기의 관리이론은 다양한 임금 형태에 따른 생산성과의 상관관계를 연구했다. 기업은 성과급을 올리면 노동생산성이 향상될 것이라고 기대했으나, 기대와는 달리 생산성은 증가하지 않았다. 왜 그랬을까? 업종에 따라 다른 것일까?

농업의 경우 성과급 제도가 먹혔다. 농한기에는 일당, 농번기에는 성과급제를 적용하니 생산성이 향상되었던 것이다. 이때 일당은 고정급을 말하고, 성과급은 생산량의 증가에 따른 추가수당을 말한다.

농업의 경우에는 노동력 수급이 계절에 따라 뚜렷했다. 수확기에는 노동력이 부족하니 노동가격의 관례적 상승을 불러왔고, 추가로 지급하는 성과급제가 효율적으로 작동했다. 다 된 농사를 혹시 태풍으로 망치지 않을까 하는 위기감도 긴장감을 고취시켰고, 긴장감은 생산성의 향상을 가져왔다. 그런데 제조업은 농업과는 확연히 달랐다. 날씨의 변화에 따른 위기감이 없어서일까? 그렇다면 기본급을 줄이고 성과급을 대폭 늘리면 어떨까? 결국 기업들은 낮은 기본급과 높은 성과급 제도에 목숨을 걸었다. 인사관리에도 성과급을 중요한 기준으로 삼았고, 임금관리도 차별성 있게 했다.

그러나 인간은 게으름의 주체이다. 적당히 받고 적당히 일하는 상황이 최고라고 생각하는 경우가 많다. 기본 임금 외에 성과급을 더 받기 위해 일하는 시간을 늘리는 것보다 기본 임금을 기준으로 업무시간을 줄이는 것을 선호했다. 그리고 이것은 인간 본성에 대한 중대한 발견이었다.

막스 베버(Max Weber)는 "임금 지급률에 따른 생산성 변동은 정교한 연구 대상이다. 기계적인 획일성은 인간의 노동의욕을 결코 자극하지

1917년 막스 베버의 모습. 가운데에서 오른쪽을 향하고 있는 사람이 베버이다.

못한다"라고 했다. 그렇다면 인간을 움직이게 하는 것은 무엇일까?

인간의 역사와 게으름

인간의 초기 역사로 돌아가보자. 인간이 음식을 불로 익혀 먹는 이유는 무엇일까? 인간이 음식을 불로 익혀 먹으면서 장의 길이가 짧아졌고, 이로 인해 에너지 소비량(기초대사량)을 줄일 수 있었다는 것은 잘 알려진 사실이다. 그런데 그 밑바탕에는 에너지에 대한 공포와 절박함이 서려 있다고 봐야 하지 않을까? 불을 사용하면서 절감된 에너지와 낭비되는 에너지의 차이는 기능의 진화로 나타난다.

인간의 뇌는 인체의 기초에너지 중 20~25%를 소비한다. 그렇다면 뇌가 큰 것이 좋을까, 작은 것이 좋을까? 진화 과정에서 인류의 뇌는 커졌다가 다시 작아진다. 두뇌의 활용과 에너지 소비의 절박함 중 어느 것이 더 중요할까?

선택은 쉽지 않다. 두뇌를 충분히 활용하지 못하면 결국 멸종을 맞을 수도 있기 때문이다. 에너지를 아끼려는 절박한 심리도 이해가 가능하다. 에너지의 궁핍은 공포로 작용하며, 이는 노동 기피 심리와도 긴밀하게 연결된다.

문명사를 연구하는 학자들은 농경국가의 생성이 계급을 출현시켰다고 호들갑을 떤다. 농경문화가 잉여를 낳았고, 잉여가 역할 분화를 가속화한 것은 사실이다. 추수를 마친 농민들은 잉여 농산물을 지배계층에게 바친다. 아마도 지금보다 더 얻기 위해, 지긋지긋한 궁핍을 벗어나기 위해서, 그리고 안전을 바라는 간절한 마음으로 바쳤을 것이다.

지배계층도 이에 응답하여 거둬들인 농산물을 귀한 성물이라고 치켜세웠으며, 창고에 쌓아두고 지배를 위해 사용했고 가끔은 피지배계층에게 환심을 사려는 용도로 사용하기도 했다. 결국 성물, 즉 곡물은 정치체제를 변천시키는 역할을 수행한다.

인간 본성과 정치체제 경쟁

원시사회에서 추장은 인간과 신의 중재를 위해서 비와 풍년을 갈구했으며, 풍어를 하늘에 외쳤다. 중세의 교황도 이와 같은 역할을 하며 사람들을 지배했다. 교황 시대의 종언은 새로운 이데올로기를 업그레이드할 수 있는 기회였지만, 왕권 역시 신이 내렸다는 왕권신수설로 여전히 신에 기대어 지배한다.

기존의 이데올로기를 고착시키려는 자들과 기존의 이데올로기를 거부하는 자들은 치열하게 싸운다. 이데올로기를 둘러싸고 양극단의 힘이 작용한다. 고수하려는 자의 시각에서는 기존 제도가 사수해야 할 목표물이고, 반대의 시각에서 보면 파괴 대상이다. 지키려는 자와 붕괴시키려는 자의 대결이다.

자본주의는 경쟁을 통한 '차별적 획득'을 말했고, 사회주의는 노동을 통한 '균등배분'을 말했다. 만약 균등배분이 더 높은 생산성을 가져왔다면 인간의 역사는 완전히 달라졌을 것이다. 질문을 던져보자.

"자본이 인간을 속인 것일까, 노동이 인간을 속인 것일까?"

인간을 현혹시킨 것은 결국 스스로의 이기적인 본성이다. '균등배분'으로 보상이 주어지는 한, 인간은 결코 최선을 다해 일하지 않는다.

종교의 이중적 태도

종교는 인간 심리를 투영하는 체제이다. 인간 사회에서 게으름은 지탄의 대상이기에, 종교는 인간의 본성을 바꾸라고 말한다. "일하지 않는 자는 먹지도 말라."(사도 바울이 자주 쓰던 격언) 하지만 인간에게는 본성

"자본주의 시스템의 피라미드", 1911년의 세계 산업 노동자 포스터.

을 바꾸는 것이 힘겨울 수밖에 없다.

결국 현재 소유하고 있는 것에 결코 만족하지 말고, 끊임없이 부를 추구하도록 태도의 변화를 유도한다. 현재의 상태를 거부하는 것이 구원의 길, 득도의 길이라고 손짓한다. 또 내세보다 현세적 지향성을 중요시한다.

주룩주룩 비가 내리면 인간의 마음 깊이 평화가 찾아온다. 그렇게 평화가 밀려오는 이유는 뭘까? 많은 사람들이 여러 가지 이유를 말하지만, 그 근본은 아주 간단하다. 일을 안 해도 되기 때문이다. 노동하지 않아도 된다는 사실은 인간에게 희열을 주고 인간 본성과도 부합된다.

"인간은 왜 일을 하는가?" 이 질문이 없었다면 상속제도는 생기지 않았을 것이다. 머뭇거리며 답변하지 못하고 망설이던 인간은 한참을 헤매다가 간신히 이유를 만들어낸다. 후손에게 상속하기 위해서라고.

현대 자본주의 하에서 사람들은 일생 동안 돈을 벌어서 쌓아두기만 할 뿐, 정작 자신을 위해서는 쓰지 않는다. 그렇다면 돈은 왜 버는 것일까? 현대적 인간은 돈에 집착하는 편집증 환자가 되었기 때문이다. 새로운 이데올로기가 구현해낸 참담한 인간의 모습이다.

제도 변경과 사회변동

20세기 초 미국의 사회학자 소스타인 베블런(Thorstein Bunde Veblen, 1857~1929)은 사회변동을 기득권과의 마찰적 현상으로 해석한다. 인간은 이성적 선택으로 사회의 방향성을 결정하지 않는다. 에너지 고갈에 대한 공포와 긴장이 인간을 움직이며 사회변동을 가져온다.

제도는 개인 간의 첨예한 대립과 갈등의 결과 생겨난 것이며, 사회적 합의는 언제든 변동할 수 있는 한시적 약속에 불과하다. 절대권력도 휘몰아치는 변동을 피할 수 없다. 사회적 합의는 일순간 먹통이 되고, 견고하게 유지되던 제도가 한순간 사라지기도 한다. 제도가 변화하며 빚어지는 에너지의 충돌은 생각 그 이상으로 크다.

예를 들어 투표권 제도의 변경을 살펴보자. 과거 수많은 사람들의 노력에도 투표권 확대는 이루어지지 않았다. 진보적인 지식인들조차도 좀처럼 수긍하지 않았다. 이들은 흑인에게 투표권을 주는 것은 권력을 배분하는 행위라고 말했다.

"존재하는 것은 모두 옳으니 아무것도 손대지 마라."

합의는 그냥 생기지 않는다. 사람들은 기존 제도가 더 이상 현실에 맞지 않아도 여전히 낡은 제도를 붙잡고 목숨을 건다. 왜 그럴까. 에너지 궁핍과 공포의 시각에서 바라보면 이해할 수 있을 것이다. 홍수가 닥치면 한 접시의 물은 두 접시로, 결국 한 양동이로 불어난다. 황토색의 토사가 산등성이에서부터 휩쓸려 내려온다. 사회변동의 측면에서 전통과 관습은 더 이상 준수 대상이 아니라 극렬한 항거의 대상이다. 제도의 변화는 처절하게 그 대가를 요구한다. 결국 기득권은 붕괴되고, 또 다른 긴장구조가 만들어진다.

우리는 사회변동을 에너지의 불균형과 균형의 측면에서 파악해야 한다. 게으름의 주체가 사회변동의 주체로서 앞장서는 이유를 아는가?

제도 변경을 통해 에너지 감축을 꾀하려는 자와 기존 제도로 에너지 감축을 꾀하려는 자의 대결이다. 인간의 본성을 감안한다면, 생산성이 높은 기업이 되기 위해서는 본성을 무력화하는 '거세 장치'가 핵심이다. 그러려면 회사의 제도, 성과관리, 성과급 지급기준 및 인사정책도 그에 맞추어 개편해야 한다. 많은 사람들이 높은 임금을 좋은 회사의 '일등 조건'으로 내세우지만, 높은 임금은 결코 생산성을 높이지 못했다. 확정적인 고임금은 반짝 효과를 발휘하지만, 곧 시들해지는 한철의 꽃이다. 에너지 소비와 연동된 임금체계, 성과관리 및 기준 등이 오히려 생산성을 키우는 데 유효하다.

미국의 존슨 대통령이 1965년 흑인 투표권법에 서명하고 있다. 오른쪽에 마틴 루터 킹 목사의 모습이 보인다.

유럽 절대왕정 시대의 독특한 재테크 방식

과도기, 측정지표를 강화하라

과도기의 폭력성은 이루 형용할 수 없다. 멀쩡하던 비즈니스가 고꾸라지고, 믿었던 자산가격이 폭삭 주저앉는다.

프랑스 혁명(1789~1799)은 기득권층 스스로 일으킨 자충수에서 비롯되었다. 당시 프랑스의 기득권층은 세상이 어떻게 돌아가는지, 어떻게 재편되어야 하는지 관심이 없었고 균형감각을 상실했다. 그러나 현재의 우리는 균형 잡힌 시각으로 사회변동의 방향성을 읽어내야 한다. 즉, 그만큼 변동성의 측정지표를 중요하게 인식해야 한다.

기득권층, 폴레트를 누리다

"왜 세금을 두 번 내야 하나요?"

이 작은 질문이 프랑스를 뒤흔들었다.

프랑스 혁명이 터지고 루이 16세가 단두대에서 사라지자 유럽 각국 지배층의 두려움은 극에 달한다. 유럽의 왕들은 전쟁을 통해 프랑스를 무너뜨리면 혁명은 결국 컵 안의 작은 폭풍으로 머물 것이라고 생각한다. 구체제는 이렇게 먹고 먹히는 먹이사슬로 질서를 세우려 했다.

타이유 세금은 십자군 전쟁(1096~1291)에 필요한 전쟁자금을 조달할 목적으로 한시적으로 도입된 것이었다. 그런데 잉글랜드와 영국의

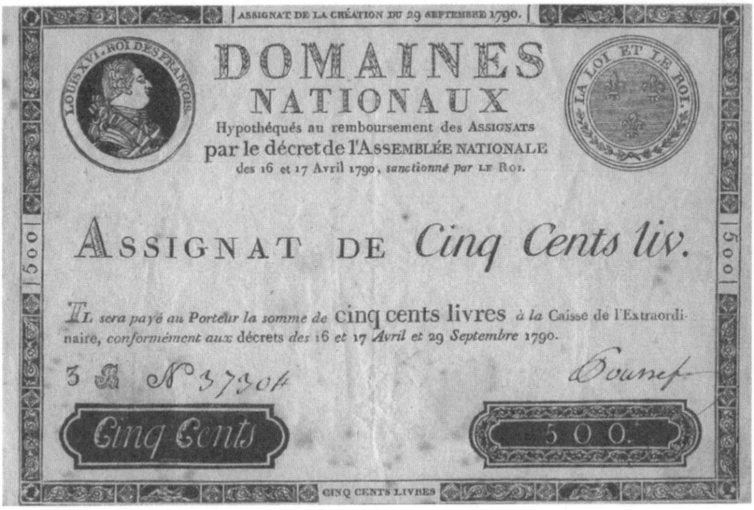

프랑스의 돈 리브르. 1790년에 발행된 것이다.

백년 전쟁(1337~1453)이 터지자 한시적 조건이 다시 부활하여 영구세로 자리를 잡은 것이다. 기가 막힌 것은 귀족이나 성직자에게는 특별 면세가 되었다는 점이다. 당시 프랑스에서는 3%에 불과한 귀족과 성직자 계층이 국가 부의 90%를 차지하고 있었다. 타이유 세는 가난한 자만 부담하는 세금이었을 뿐만 아니라 이중과세였다. "왜 세금을 두 번 내야 하지요?"라는 질문이 나올 수밖에 없었다.

하지만 왕권은 '신으로부터 부여받은 권리'라는 절대왕정 시대에 왕에 대한 비판은 엄두를 낼 수 없었다. 이전에는 3중과세의 악행이 행해져도 눈물을 삼키며 감내했다.

"왕이 뭘 잘못했겠어. 그 밑에 귀족이 문제지."

이런 관대함이 문제였을까? 절대왕정의 행정조직은 타락의 극단을 달렸다. 관직 채용도 능력을 기준으로 이루어진 것이 아니라 철저하게 매매 또는 상속으로 이루어졌다.

루이 14세 때 관직은 사유재산의 확실한 일부였다. 관직 가치의 일정비율(예시 1/60)을 매년 세금으로 납부하도록 하면서, 관직의 상속 또는 매각을 보장했다. 폴레트(Paulette) 세는 관직을 상속할 경우 내야 하는 세금인데, 관직이 재산인 나라에서 관직을 넘겨주는 시점은 중요했다. 관직 상속이 이루어진 경우 상속을 받은 당사자는 40일 이상 생존해야만 했다. 이것이 '40일 규정'이었다. 만일 40일을 넘기지 못하면 해당 관직은 국가로 환수되고, 국왕은 재정을 충당하기 위해 그 관직을 다시 매각할 수 있었다. 관직 상속을 일찍 행하면 국가의 수입도 늘어났고, 돈이 필요한 왕은 관직을 마구 늘렸다. 그래도 농민과 서민들은 침묵으로 일관했다.

루이 16세의 범죄

1513년 발간된 마키아벨리(Niccolo Machiavelli, 1469~1527)의 『군주론』은 정치의 본질을 말하며 현실의 정치를 예리하게 꼬집는다. 그런데 프로이센의 프리드리히 2세는 "마키아벨리의 군주론은 틀렸어"라고 말한다. 그의 진의는 책의 내용 전체가 틀렸다는 말은 아닐 것이다.

『군주론』은 마키아벨리가 중세시대가 붕괴된 후 도시국가 수준을 벗어나지 못한 이탈리아를 애석하게 여기며 도시국가 피렌체의 권력자 로렌조 메디치에게 헌정했던 책으로, 정치의 본질을 말하는 '요약서'이자 권모술수의 실천서이다. 필요할 때는 주저 없이 사악해져라, 쿠데타를 꿈꾸는 무리가 있다면 살육도 서슴지 말아야 한다 등 로마사의 분석을 통해 획득한 정치에 대한 통찰력은 현재도 통용될 수 있을 만큼 예리하다.

이 책에서는 또한 적이 없어진 국가는 방향을 잃은 나침반과 같다고 말한다. 왜냐하면 적의 부재는 사회구성원 간의 결속력을 약화시키고 결국 내부를 갈기갈기 찢어놓기 때문이라는 것이다. 또한 통치자에 대한 비판, 상이한 견해 모두 적과 위협의 개념으로 바라봐야 하고, 전쟁 혹은 비상 국면에는 권력의 악행도 불가피한 행정력이라고 한다.

루이 16세(Louis XVI)에 이르러, 파리를 벗어나 호젓한 근교에 베르

사유 궁전을 짓고, 짐이 곧 국가라고 떠벌이던 절대왕정은 최대의 위기를 맞게 된다. 겉으로 드러난 것은 이중과세 문제였지만 자세히 들여다보면 결국 이는 귀족들의 재테크와 관련된 사안이었고, 농민과 시민들은 더 이상 침묵으로 일관하지 않았다.

대변혁의 직접적 원인은 왕실의 재정 문제였다. 프랑스는 영국을 견제하기 위해 미국 독립전쟁에 참전해 이겼지만 돌아온 것은 아무것도 없었다. 재정은 더욱 피폐했졌고 국민들은 더욱 궁핍해졌으며, 결국 왕실의 디폴트(채무불이행) 선언으로 국가의 존립마저 위태로워졌다.

루이 16세는 왕실이 재정 부족에 직면하자 대안을 제시했다. 면세 범위를 축소시키고 세금의 균등 부과를 추진하는 방안이었다. 그러나 탐욕에 눈이 멀었던 귀족층은 개혁안에 반대하며 들고 일어섰다. 귀족과 고위 성직자로 이루어진 왕의 자문모임인 명사회, 고등법원 등 귀족 중심의 모든 권력집단이 재정 개혁안을 완강하게 거부한 것이다. 그리고 이런 귀족의 완강한 저항 속에 결국 프랑스 대혁명이 촉발된다.

왕권은 신이 부여했다고 생각했던 절대왕정 시대에 누가 감히 왕에게 대항할 수 있을까? 그럼에도 결국 국민들이 들고 일어난 이유는 무엇일까? 개혁적 통합과 절대왕정의 존재는 양립할 수 없는 모순이었다. 혁명 초기에 루이 16세는 자신의 '충성스러운 귀족'들을 포기할 생각이 전혀 없었고 국민들은 진실을 깨닫는다.

"왕도 귀족도 모두 국민의 피를 빨아먹는 기생충이었구나."

이러한 상황에서도 귀족들은 낡은 제도의 틀 안에서 기득권에 칩거했기에 기존 질서의 비합리성을 알아채지 못했다.

질서가 흔들리면 계층도 특권도 무시된다. 사회는 부의 재편성을 넘어 새로운 논리로 정의되기 때문이다. 극단적 자본주의 사회인 미국이 부의 형평성에 예민한 이유는 오히려 부자들이 자신의 기득권을 지키려 하기 때문이라고 볼 수 있다. 기부를 많이 하는 것도 부의 편향성이 가져올 거대한 폭풍이 두렵기 때문이다.

역사에는 귀족들의 '완강한 거부'가 여러 차례 등장한다. 오늘의 시각으로 분석해보면 귀족들의 무지가 혁명 발생에 결정적 역할을 했다고 할 수 있다. 이들은 기득권에 취해 절대왕정이 제기한 국가재정 개혁안을 완강하게 거부했고 명사회, 고등법원 등 다양한 귀족 중심의 권력기관 역시 개혁안의 중요성을 읽지 못했다. 그리고 그들은 한순간에 모든 것을 잃게 된다.

1792년 9월 20일, 결국 국민공회가 수립되어 왕정이 폐지되고 공화정 수립이 확정되었다. 그러나 루이 16세의 유죄 여부는 표가 갈렸고, 일반 국민들은 오히려 두려움에 떨었다. 이제까지는 언제나 굴종의 주체였지, 국왕을 평가하는 주체세력으로 나선 적이 없었기 때문이다.

절대왕정과 기득권층의 결탁

프랑스의 절대왕정은 외형적으로 중세의 봉건제도와는 달랐다. 세금이 국가의 존립을 지탱시키는 근간이었고 관료제가 국가를 운영하는 토대였다. 외부에서 적이 침입하면 군대를 통해 막아내면 되지만, 정권의 붕괴를 가져온 국가의 적은 외부에서 온 것이 아니었다. 결국 절대왕정도 내부의 적에 의해 내려앉는다.

절대왕정의 실질적 내면은 외형적 현실과는 달랐다. 루이 16세 때 군주제 최초이자 최후의 예산안인 1788년의 국가 재정보고서를 보면(당시의 국고는 왕실의 모든 재정을 포괄하지는 않았으므로 정확한 의미의 예산은 아니었다), 1756~1763년에 걸쳐 유럽을 휩쓸었던 7년 전쟁에 의한 부채, 미국 독립전쟁에 따른 불가피한 차용 등 빚이 차곡차곡 쌓여서 어마어마한 규모로 늘어나고 있었다. 만약 왕실의 채권자가 지급을 요청한다면 지급불능 사태를 맞을 상황이었고, 왕실에 자금차입이 중단되면 프랑스는 대안이 없었고 무너질 지경이었다. 프랑스의 고귀한 채권자들은 목소리에 잔뜩 힘을 주었다.

"확실한 담보가 있습니까? 그냥 빌려줄 수는 없지요."

당시 왕실에 자금을 대던 채권자는 바로 귀족들이었다. 경제적 시각에서 보면 프랑스 대혁명의 결정적 전조 중 하나는 위의 질문이라고 할 수 있다. 신용이 부족한 왕실은 귀족에 자금대여를 요청했고, 귀족들은 확실한 담보, 즉 국가의 징수권을 담보로 요구했다. 물론 실제로는 세금징수권의 담보가치로서의 활용과 세금징수 업무의 민간위탁이 동시에 시행되었을 가능성이 농후하다.

기본적으로 절대왕정의 재정적 실상은 중세의 영주들과 대동소이했다. 중세 영주들은 돈이 모자라면 소속 농민들을 팔아넘겼다. 미래의 수익인 지대 징수권과 함께 농민들을 팔면 목돈이 생겼다.

프랑스 대혁명 당시, 루이 16세는 귀족들을 통해 왕실에 필요한 재정의 부족자금을 마련했다. 세금징수 업무를 민간에 위탁하는 제도는 프랑스에서만 시행된 것이 아니었다. 로마에서도 민간을 활용한 세금징수 제도가 있었다.

세금징수 권한을 위임받은 자들에게 최대의 위기는 세금 납부를 거부하여 적정 수익률에 미달하는 것이다. 그러므로 세금징수권을 위임받은 귀족들은 위압적으로 세금 납부를 강요했다. 이런 상황에서 루이 16세가 재정개혁을 들이밀자 귀족층, 삼부회, 명사회, 고등법원 등은 모두 당당하게 거부를 택한다. 역사와 사회변동에 대한 경험 부족이다. 자녀들은 관료로서 국가 일을 수행하고, 귀족들은 세금징수권을 청부받아 실질적으로 기득권을 만끽했던 것이다. 그리고 귀족과 국민들 사이에서 어찌할 바를 모르던 루이 16세는 획기적 아이디어를 떠올린다.

"내가 진정 귀족과의 자금 거래를 단절할 것이다."

기득권층은 왜 당당했을까?

루이 16세는 1777년 스위스에서 은행 경영 경력이 있던 자크 네케르(Jacques Necker)를 재무총감으로 임명했다. 당시 스위스는 현대와 마찬가지로 은행업으로 유명세를 누리고 있었다. 네케르를 등에 업고 자금줄을 스위스의 넓은 인맥으로 바꿔 은행자금을 끌어들이고자 한 것이다. 왕실 빚을 어떻게든 해결하고자 한 루이 16세의 마지막 승부수였다.

세금징수권은 규정에 의해 일정 기간(6년간) 지역별로 주어졌는데 왕실에 자금을 대출했던 계층은 귀족만이 아니었다. 자본을 축적한 신흥계급 부르주아에게도 기회는 열려 있었다. 이들에게도 왕실 대출은 이율이 상당히 높은 훌륭한 자금운용 수단이었던 것으로 기록에 등장한다.

왕실은 자금을 차입하면서 세금징수 권한을 실질적으로 위임하거나, 혹은 세금징수권을 담보로 제공했다. 세금징수 권한의 위임은 왕실 대출금을 둘러싼 권리의 교환으로 볼 수 있고, 담보권의 활용은 왕실의 빈약한 신용을 보강하는 수단이었다. 왕실은 거대자금을 일시에 확보할 수 있었고, 일부 귀족 및 부르주아는 세금징수 청부업 혹은 담보권을 취득하여 고율의 이자로 자금을 운용했다.

귀족들은 고율의 이자를 주고받는 채권채무 계약을 국가와 체결하고도 죄책감을 느끼지 못했다. 국가재정이 부족해서 자금을 대출해주었고, 세금징수권을 담보로 취약한 신용을 보강했을 뿐이라고 항변한 것으로 기록에 나온다.

파장에 떠는 유럽의 왕들

1793년 1월, 단두대에서 목이 잘린 루이 16세의 죄목은 국고 낭비였다. 이후 프랑스 혁명의 파장은 어마어마했다. 단두대의 서슬 퍼런 칼날이 절대왕권의 목을 내려치자, 대변혁의 피가 유럽 전역을 물들일 태세였

자크 네케르의 초상화.

다. 유럽의 다른 왕들도 부들부들 떨었다.

당시 유럽의 다른 절대왕정들도 유사한 환경에 처해 있었다. 귀족들의 고리대금업을 국가 경영으로 도왔고, 국가가 이들의 기득권을 철저하게 지켜주었다. 단두대의 칼날은 루이 16세만이 아니라 점차 유럽의 절대군주 전체를 노렸다. 국가의 부가 네덜란드에서 시작하여 영국으로, 프랑스로, 독일로 흘렀듯이 말이다.

상황이 이에 이르자 유럽의 다른 왕들도 가만히 있지는 않았다. 변혁의 기운을 가만히 둘 수 없었다. 이들은 프랑스를 적대적으로 위협하여 부정적 영향을 차단하는 데 집중한다. 프랑스를 고립시키기 위해 프로이센과 오스트리아 연합이 등장했고 영국, 네덜란드, 스페인, 나폴리, 교황청 등이 가담하여 대프랑스 동맹을 결성했다. 이렇게 유럽의 왕들이 떨면서 프랑스를 노리자, 프랑스도 나폴레옹이라는 영웅의 등장으로 여기에 맞대응을 한다.

오늘날의 투자자에게는 재정보고서가 익숙하지만, 근대 이전의 국가에서 재정보고서의 공표는 충격 그 자체였다. 프랑스의 역사학자로 프랑스 혁명 및 나폴레옹 연구의 권위자인 알베르 소불(Albert Marius Soboul, 1914~1982)의 기록에 의하면, 프랑스는 혁명 발생 직전 연간 지출이 6억 2,900만 리브르, 수입은 5억 300만 리브르로 지출초과액이 1억 2,600만 리브르에 달했다. 총 부채 50억 리브르에 따른 매년 이자 지급액도 3억 1,800만 리브르나 되었다. 당시 국민의 1인당 평균 연수입이 100리브르 정도였으니, 엄청난 금액이 줄줄 새고 있었던 것이다.

이 재정보고서가 결국 사회변동의 불을 붙였다. 국가를 상대로 행한 고리대금업의 한가운데에 귀족들이 서 있었기 때문이다. 프랑스의 대변혁은 세금에 대한 담보권과 세금징수 청부제도가 교묘하게 얽힌 경제적 사건이었다. 프랑스 혁명 이후 국가는 국채를 발행하여 재정 부족을 해결하는 것으로 과감하게 전환하게 된다.

물론 역사를 보는 시각은 서로 다를 수 있다. 그러나 중요한 것은 사회 대변동의 중심에 귀족들의 '균형감각 상실'이 자리 잡고 있었다는 점이다. 혁명의 발생과 처리 과정에서 시민의 주도적 역할을 부정하고 싶은 생각은 없다. 다만 대변혁기에 귀족들이 얼마나 기득권적인 사고에 젖어 있었는지를 통해 균형 잡힌 시각의 중요성을 다시 한번 강조하고 싶다.

독점권을 노리는 '사냥' 독점권

죽은 조직에 생명력을 넣어라

1650년대, 인도네시아 말레이 제도 중 일부인 몰루카 제도에서는 기존의 방법과는 다른 접근으로 '한 방'을 노리는 계획이 진행되었다. 이것은 독점권 대 독점권의 대결이었으며 지금까지도 많은 교훈을 준다.

개인과 기업, 국가의 대역전은 그냥 생기지 않는다. 특히 기술의 발전에서는 종종 제도의 미세한 차이가 결정적 패인으로 나중에 드러나기도 한다. 따라서 혁신적 아이디어를 촉진하는 제도를 확립하고 보상책을 마련하는 것이 중요하다.

금값일까, 재앙일까

아이디어의 참신성을 중요시했던 네덜란드 사람들은 기존의 방법으로는 도저히 선두주자를 따라잡을 수 없다고 판단하자, 한 동료의 아이디어에 승부수를 던졌다.

"모두 불태워라."

정향(clove)은 당시 음식에 풍미를 더하는 기가 막힌 향미료로 평가받고 있었다. 인도네시아 몰루카 제도가 원산지인 정향은 은단과 맛과 향이 비슷한데, 서양 요리에서 육류의 누린내를 제거하는 데 주로 쓰이고, 카레의 강한 맛을 내는 데도 꼭 필요한 향신료였다.

매출은 판매가격과 수량의 곱으로 산출된다. 이를테면 정향 100파운드를 파운드당 10만 원에 팔면 매출액은 총 1,000만 원이고, 정향 60파운드를 파운드당 40만 원에 팔면 매출액이 2,400만 원이 된다. 어떤 선택이 유리할까?

"공급을 줄이면 가격은 오르겠지. 가격이 올라도 설마 안 사겠어?"

이런 생각에서 수년간 키운 멀쩡한 정향나무를 뿌리째 뽑아버리는 계획이 실행되었다. 낫으로 나무의 가지를 쳐내기도 했다. 만약 정향의 공급을 줄이면 가격이 오를 거라는 예상이 빗나간다면 거대한 손실을 입을 것이 분명했다.

몰루카 주민들은 어이가 없었다. 네덜란드인들의 지시가 틀렸다면 거부해야 했다. '한 끗'의 잘못된 판단으로 자신들의 생계수단이 사라져버릴 수도 있기 때문이다.

"암본 섬을 제외한 다른 섬의 정향나무는 모조리 제거하라."

이런 지시에 주민들은 차별적 대안을 냈다.

"나무들이 일정 개체를 넘을 때까지 다른 섬들의 정향나무는 그대로 두자."

주민들은 공급량을 억지로 줄여 가격을 조정한다는 것에 불안해했지만, 확신에 찬 네덜란드인들은 자세한 설명을 해주지 않았다.

당시 정향나무는 오직 몰루카 제도에서만 자라는 '최고의 선물'이었다. 이곳의 몇 군데 섬에서만 자생하는 정향나무를 오직 하나의 섬, 즉 암본에서만 남기고 모두 없애라는 네덜란드인의 판단은 분명 도박이

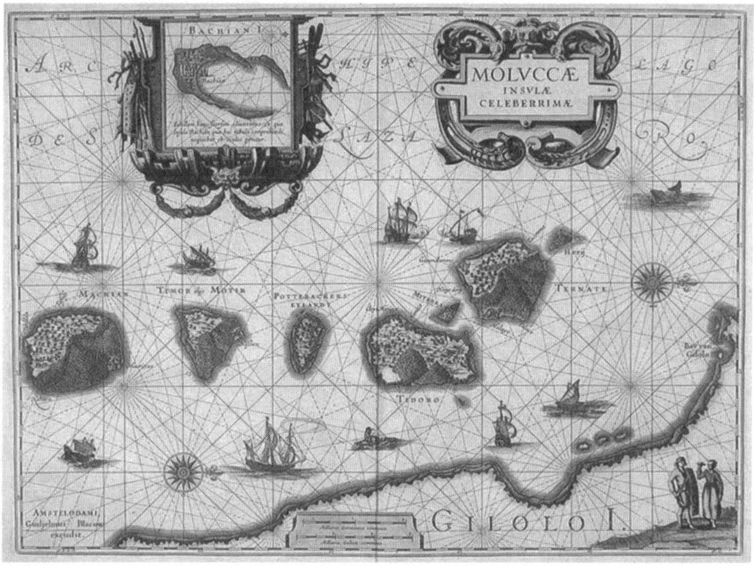

1630년대에 그려진 몰루카 제도의 지도.

었다. 당시 네덜란드는 무역량을 늘리기 위해 안간힘을 쓰고 있었고 동인도회사 직원들은 가격이 오를 거라고 주민들을 다독였지만, 누가 장담할 수 있겠는가?

"불태워 없애라, 뿌리를 뽑아라."

암본 섬은 인도네시아 동부에 위치한 운송의 요지였다. 몰루카 제도의 중앙부를 폐쇄해버린다면 정향나무는 암본 섬 요새에서만 성장할 것이다. 만약 극심한 가뭄이 닥쳐 정향나무가 모조리 죽어버리면 어떻게 될까? 주민들이 가지는 의구심은 한두 가지가 아니었다.

한편 해상무역에서 스페인에 한참 뒤처져 있던 네덜란드 사람들은 추월해야 한다는 강박감에 짓눌렸다. 대량의 은광 발견으로 거대한 부를 움켜쥔 스페인에 비하면 네덜란드는 아직 갈 길이 멀었다. 당시 네덜란드는 농지 소유권 분할 정책으로 부를 어느 정도 축적했지만, 무역은 그에 미치지 못했다. 인도와 인도차이나를 포함한 동인도 전체 무역량에서 스페인에 한참 뒤진 네덜란드로서는 결정적 승부수를 띄우고 싶었다. 만약 암본 섬으로 정향나무 군락지를 한정시키는 전략이 먹힌다면, 분명 스페인을 보기 좋게 따돌릴 수 있다고 생각한 것이다.

그 무렵 영국과 프랑스는 선박 항해기술을 습득하는 등 국력을 점점 키우고 있었지만, 아직 네덜란드와는 경쟁상대가 되지 못했다. 그런 상황에서 새로운 형태의 무역을 통해 부를 확충하려는 네덜란드는 주식회사 제도를 최초로 확립했고, 납입금 한도로 책임을 제한하는 '주식회사 책임제한제도' 등 다른 나라와는 차별적인 전략을 시도하고 있었다.

몰루카 제도의 독점권 혈투

당시 정향의 매수가격과 판매가격으로 볼 때 마진은 충분했지만, 실제 비용을 감안하면 점점 줄어들고 있었다. 해상에서 발생하는 폭력적 무력행사가 큰 폭으로 증가하고 있었고, 수익의 규모도 예전과는 달리 크게 줄고 있었다. 동인도회사는 비용이 점차 증가하고 영업이익이 축소되면서 회사의 실적이 엉망이 되자, 비용을 획기적으로 줄일 수 있는 특단의 방안을 고민했다.

좀더 자세히 들여다보면 정향은 유럽에서 인도, 인도차이나 등 동인도(그 당시에는 '동인도'라고 부름) 지역에서 사들인 금액의 10~12배 가격으로 판매되었다. 하지만 유럽까지 운송경비와 추가적으로 소요되는 모든 비용을 차감하면 순이익은 100% 미만으로 추락했다(그래도 수익이 매우 높다고 느끼는 것은 지금의 시각이다). 당시 동인도회사 경영진의 메시지는 분명했다.

"차별적 방법으로 수익률을 대폭 개선하라."

동인도회사는 인도네시아 몰루카 제도에서 다른 섬의 정향나무를 모두 없앤 후, 주민들을 모두 암본 섬으로 이주시켰다. 회사가 이 섬을 효과적으로 통제한다면 공급을 완벽하게 조절할 수 있다는 계획이었다. 그리고 이 방법의 성공 여부는 확실히 주목의 대상이었다. 기존 방법과는 차별적 접근으로 '한 방'을 노렸기 때문이다. 정말로 정향의 공급량을 줄여 프로젝트를 보기 좋게 성공시킬 수 있을 것인가.

필수재화라면 공급량이 줄었을 때 부르는 것이 값일 것이다. 매수자에게는 다른 대안이 없을 테니 말이다. 암본 섬만이 정향나무의 유일한 재배지가 되면서 동인도회사와 주민들의 신뢰관계는 호전되었다. 정향이 풍작이든 흉작이든 신경 쓸 필요가 없었다. 언제나 큰 수익을 가져다주는 '돈 나무'였던 것이다.

동인도회사 직원들은 주민들에게 속삭였다.

"삶의 터전을 없애는 것이 아니라 더 견고하게 만드는 것이야. 우리를 믿어."

암본 섬 주민들이 정향나무의 재배 권리를 배타적으로 소유하듯이, 동인도회사는 두 가지 권리를 가졌다. 하나는 암본 섬에서 주민들에게 벌목 혹은 식목을 지시하고 통제할 권리이고, 다른 하나는 주민들이 섭취할 음식에 대한 배타적 제공권이었다. 결국 독점적 정향 재배 권리와 독점적 음식 제공권이 동인도회사와 주민 간에 거래되는 양상이었다.

그러나 따지고 보면 암본 섬 주민들이 가진 정향나무의 독점적 재배 권리는 의무가 수반된 권리였다. 동인도회사가 요구할 때는 언제든지 나무를 벌채해야 했고, 먹고 마시는 일체의 식료품을 오직 동인도회사로부터 구매해야 했다. 독점권의 맞대결, 물고 물리는 결과가 아닐 수 없었다.

1656년이 되자 동인도회사는 정향의 산출량이 수요에 못 미친다는 사실을 파악하고 더 많은 정향나무를 심게 한다. 그리고 1667년에는 더 이상의 식목을 완전 금지시킨다. 1692년과 1697년에는 다시 일정량의 나무를 완전히 베어낼 것을 강력히 지시하기도 했다. 동인도회사가 매수가격과 수량을 맘대로 조정한 것이다.

암본 섬 주민의 입장에서는 정향을 둘러싸고 거대한 자금이 맴돌았지만, 그들은 겨우 곤궁을 면할 정도로 최소한의 수익을 얻을 뿐이었다. 경작자들은 간신히 생계를 유지했으며, 동인도회사의 사업 파트너로서 초기에 꿈꾸었던 경제적 풍요는 어림없었다. 결국 암본 섬 주민들은 분노했다. 배타적 경작 권리는 삶의 질을 높이지 못했다. 정향의 가격이 올라가면 식료품의 가격도 동시에 올랐기 때문이다. 암본 섬 주민들은 동인도회사에게 철저하게 이용당했던 것이다.

동인도회사의 노림수는 분명했다. "최저가격에 정향을 매수하라." 동인도회사는 공동사업을 통해 벌어들인 부를 정당하게 나누지 않았다. 정신적 여유와 도덕의식, 포용력이 미흡했던 초기 주식회사의 옹졸한 모습일 것이다. 암본 섬 주민들 사이에서는 희망이 썰물처럼 빠져나갔고, 점차 정향의 배타적 재배 권리에 대한 무용론도 대두된다.

18세기 중반이 되자 다시 정향에 대한 수요가 폭발적으로 늘어났다. 그러자 동인도회사는 이번에도 나무의 개체 수를 늘리기 위해 정향나무를 심을 것을 명령했다. 하지만 암본 섬 주민들은 냉담한 반응을 보이며 하나둘 섬을 떠난다. 분명 수년 후에는 더 많은 나무를 베어내라고 명령할 것이기 때문이다.

한편 영국과 프랑스도 이미 별도의 지역에서 정향나무 재배를 시작하고 있었다. 이와 함께 네덜란드의 배타적 독점체제도 지탱할 기반을 서서히 잃어갔다. 암본 섬 주민들을 온당하게 대우하지 않았을 뿐만 아니라 부당이득에 혈안이 되었던 결과였다.

이 사례에서도 볼 수 있듯, 인간의 역사는 독점권의 정의를 명확하게 하는 데만도 엄청난 시간을 소비했다. 물론 앞의 사례는 실패로 끝났지만 재산은 유형의 것에 한정되지 않는다는 교훈을 남겼다. 인류는 독점권의 정의, 적용 범위, 법적 보호 형태를 결정하는 과정에서도 힘겨운 과정을 겪었으며, 이후 영국과 이탈리아에서 특허권의 현대적 정의가 등장하면서 비로소 지적재산권의 적용 방법이 분명해지게 되었다.

조직의 대역전 전조

특히 배타적 독점권의 형태로 주어지는 지적재산권은 중요하다. 특허권, 실용신안권, 디자인권 등은 모두 지적재산권에 속한다. 지적재산권의 생성과 활용, 권리 확보와 부여 측면에서 보면 경제 3주체의 기능적 역할이 각각 다르다. 권리의 생성과 활용, 확보가 기업과 가계의 몫이라면, 권리 부여는 국가에 의해 수행된다.

지적재산권은 사람들에게 현재에 살고 있지만 미래를 살게 하는 정신적 '환기 역할'을 한다. 그런데 영국의 역사는 그 반대로 국민들의 눈물겨운 고통을 보여준다.

지독한 불황기가 몰려오면 세상은 침울한 침묵에 잠기고 상품가격도 크게 떨어진다. 그런데 1597년 영국에서는 정반대의 현상이 발생했다. 극심한 경기침체가 닥쳤음에도 일부 상품가격이 치솟았던 것이다.

가격의 상승은 자신감의 표현이다. 품질이 탁월하든지, 원가가 상승했든지, 근거가 명확하다면야 무슨 문제가 있겠는가. 하지만 근거가 불분명했다. 영국 국민들은 혀를 찼다. 웅성거림은 소문을 낳았고, 결국 여왕이 가격 상승을 용인했기 때문이라는 헛소문까지 돌았다.

왜 불황기에 상품가격이 올랐을까? 그것은 바로 독점권 때문이었다. 엘리자베스 1세는 월터 롤리 경에게 와인 술집에 대한 독점권을 부여했다. 왕이 신하에게 독점권을 부여한다는 사실에 영국 의회는 강력히 반발했다.

"왕이 자의적으로 독점권을 주는 행위는 국가에 대한 해악이다."

독점권과 관련된 왕실의 전횡에 국민들의 불만도 컸다.

"과연 누구를 위한 독점권이란 말인가?"

그러나 엘리자베스 여왕도 가만히 있지 않았다.

"어차피 국민들에게 판매될 상품인데, 창구를 단일화하여 전문화를 추진하는 것이 뭐 그리 대단한 잘못이란 말인가?"

이렇게 소금과 윤활유 생산을 포함하여 전통적인 가공업 부문에서 독점권의 시혜 행위가 지속되었고, 독점권은 초기에 철저하게 왜곡되어 역사에 등장한다. 더구나 국가가 부여하는 체계가 아니라 왕의 자의성이 개입되어 사적인 영역에서 취급되었던 것이다.

당시 영국 정부는 이 상황에 정교하게 대응하지 못했다. 독점권 제도의 남용이 기술발전에 부정적 영향을 미친다는 것을 정확히 알지 못했기 때문이다.

결국 영국 법원은 독점권이 관습과 법령에 위반된다는, 국민에게 호의적인 판결을 내렸다. 1601년 여왕은 한 발짝 물러난다.

“그렇다면 지금까지 내가 부여한 모든 독점권이 회수의 대상이란 말인가?”

한편 필수재화가 독점권의 대상이라는 것에 국민들은 비통해했다.

“오늘은 눈물이지만 내일은 정녕 아니리라!”

초기에는 독점권의 효용에 대한 의견도 갈렸다. 사람들은 독점권은 소수에 대한 다수의 희생을 옹호하는 근거가 된다고 비판했다. 또한 독점권은 인위적인 조작이며 완전경쟁을 제한하는 장애물이라고 단정했다.

반면 이탈리아는 영국과는 다른 길을 선택한다. 이탈리아는 중세 이후 도시국가로 분열되는 고통을 겪지만, 독점권과 지적재산권의 이해에서는 가장 빨랐다. 이탈리아의 법령은 특허제도의 철학적 토대를 제공했으며, 최초의 특허법으로서 지적재산권을 왜 주어야 하는지, 얼마 동안 주어야 하는지에 대한 두 가지 요건을 분명하게 명시하고 있다.

1624년에는 영국 의회도 누적된 판례를 집대성하면서 이탈리아가 명시했던 이 두 가지 요건에 대한 중요성을 인정한다. 그리고 한 발 더 나아가 두 가지 요건을 충족시키지 못하는 모든 독점권은 불법이라고 규정했다.

그렇지만 법령과 판례는 한 번에 완성되지 않으며, 절대군주들은 여전히 시혜적 개입으로 독점권을 부여하며 제도를 악용했다. 1852년이 되어서야 비로소 영국은 공식적으로 특허제도에 절대왕정이 개입하지 못하도록 한다. 이처럼 오늘날의 특허법은 우여곡절을 통해서 이룩한 고귀한 성과이다. 최적의 제도는 그냥 생기지 않는다.

그렇다면 지적재산권은 왜 중요할까? "독창적인 기술과 발명에 배타적 권리를 인정해주지 않는다고 별일 있겠어?" 하고 생각할 수도 있다. 그러나 만약 배타적 독점권 혹은 지적재산권을 인정하지 않는다면 어떤 일이 벌어질까? 지적재산권의 무단 사용자가 아무런 처벌도 받지 않고 거리를 활보한다면, 누가 창의성을 발휘하겠는가? 미국의 경제학자 윌리엄 번스타인(William Bernstein, 1948~)은 영국의 쇠퇴 조짐에 대한 연구에서 당시 창의성 증진 측면에서 이탈리아뿐 아니라 미국에도 뒤처졌음을 밝힌 바 있다.

변혁기에는 특히 제도 하나의 미비가 국가 혹은 조직의 패배를 결정한다. 미국에 '대역전'을 당한 영국의 패배는 독점권 문제에서도 결정적 전조를 보였던 것이다.

죽은 조직과 산 조직

사유재산제도는 자본주의의 핵심이다. 사유재산의 범위는 물리적 재산에만 한정되지 않는다. 보이지 않는 혁신적 아이디어와 창의성도 지적재산권으로 보호받는 재산이다. 즉 기술 측면의 지적재산권 제도 또한 사유재산의 핵심이다. 미국은 기술의 창의성 촉진과 보호 측면에서도 영국을 훨씬 앞선다. 국가의 법률체계와 제도 몇 가지만 살펴보더라도 그 나라의 '경쟁력 지수'를 가늠할 수 있다.

일반 기업도 마찬가지다. 기발한 '대역전'의 아이디어를 내기 위해 동분서주하는 직원을 정당하게 대우하고 있는가? 쉽게 대답하지 못한다면 그 기업의 관련 정책에는 분명 하자가 있는 것이다.

기업과 국가의 경쟁력은 그냥 생기지 않는다. 철저한 경쟁과 이에 따른 성과 보상 시스템이 명확하게 서 있어야 한다. 인력 관리 측면에서 구성원의 창의성을 알아주지 않는 조직은 죽은 조직이다. 사업부제에 의한 명확한 조직 평가, 업적과 연계한 성과급 지급은 조직에 역동성을 부여한다. 당신의 조직이 어떠한지도 되돌아보자.

부의 형성을 둘러싼 핵심 원리의 차이

시스템을 해부하라

국가의 경쟁력은 운영체제의 우월성이 결정한다. 그러므로 국가는 경제 생태계를 잘 조성하는 데 집중해야 하고, 개인의 경우에는 이 경제 생태계를 활용하여 경쟁력을 갖추어야 한다.

우선 국가 시스템에 대해 정확히 인식하는 것이 중요하다. 미국의 근대 역사와 네덜란드의 중세 역사를 통해 부의 형성을 둘러싼 국가의 핵심 원리에 대해 살펴보자.

해밀턴의 미국 시스템

미국은 초대 정부 시절 절박한 마음으로 질문을 던진다.

"어떻게 해야 미국을 부강하게 만들 수 있을까?"

1792년, 재무부 장관을 역임한 알렉산더 해밀턴(Alexander Hamilton)은 '미국의 시스템'으로 불리는 『제조업 보고서(*Report on Manufacturing*)』를 출간했다. 여기서 그는 미국의 부강을 결정짓는 핵심 요소 세 가지를 최초로 언급한다. 그것은 바로 거시적 시각으로 본 관세의 적절성, 자본의 확충, 시장통합을 위한 운송체계 확립이다. 모두 적절한 지적으로, 지금도 많은 사람들이 그 중요성을 인정하고 있다.

구체적으로 들어가보면 그 무렵 미국의 상황을 가늠할 수 있다. 산업보호를 위한 관세체계 확립은 당시 미국 제조업의 경쟁력 수준을 떠올리게 한다. 그 무렵에는 미국의 기술 수준이 걸음마 단계였기에 자유무역을 주장할 수 없었을 것이다. 또 다른 핵심 요소인 은행 시스템 구축에 의한 자본 확충은 국가 경쟁력의 핵심 사항이다. 마지막으로 운송체계 확립의 측면에서 미국의 동부와 서부, 남부와 북부를 잇는 거미줄 같은 수송체계가 없었다면, 물류가 차단되고 인적 교류가 단절되며 구획체제는 단절을 낳아 미국 시장의 원활한 통합을 저해했을 것이다. 철도와 뱃길 조성은 제조업 경쟁력을 위한 적절한 출발점이었다고 볼 수 있다.

오늘날 알렉산더 해밀턴의 『제조업 보고서』는 미국의 번영에 주춧돌을 놓은 이론서로 평가받는다. 그렇지만 결정적 오점을 남긴 것으로 보이는 사건도 있었다.

『제조업 보고서』가 나온 지 4년이 경과한 1796년, 미국 정부는 '미국의 시스템'과는 전혀 상관이 없는 거침없는 행보를 보인다.

먼저 토지 측량을 통해 신대륙의 토지 소유권을 갈기갈기 쪼개었다. 국민들은 경쟁적으로 토지를 확보했다. 미국 역사를 통해 이 시기만큼 토지 매수가 쉬웠던 적은 없었다. 기본정책은 토지가격을 1에이커(약 1,224평)당 2달러로 규정한 조례에서 나타난다.

"대금의 50%는 구입 즉시 지불하고, 나머지 50%는 1년 뒤에 완불해야 한다."

1800년의 법령에서는 오하이오 주의 신시내티 등에서 최저 구입단

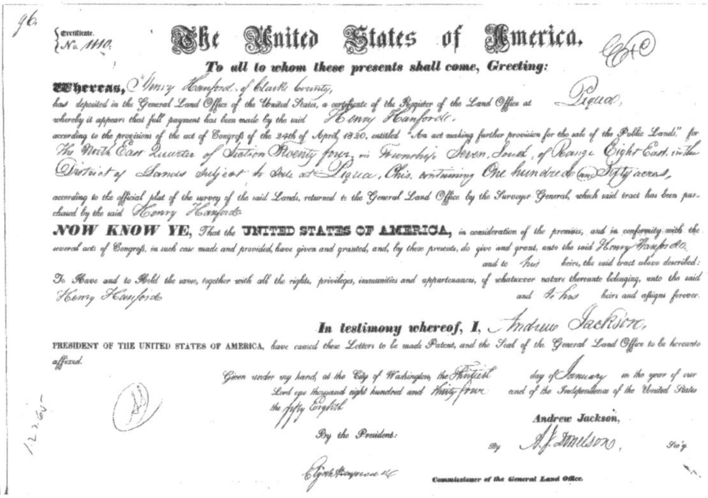
Certificate. No. 1110.

The United States of America,

To all to whom these presents shall come, Greeting:

Whereas, Henry Hanford, of Clarke County, has deposited in the General Land Office of the United States, a certificate of the Register of the Land Office at Piqua, whereby it appears that full payment has been made by the said Henry Hanford, according to the provisions of the act of Congress of the 24th of April, 1820, entitled "An act making further provision for the sale of the Public Lands," for The North East Quarter of Section Twenty four, in Township Seven, South, of Range Eight East, in the District of Lands subject to Sale at Piqua, Ohio, containing One hundred and Sixty acres, according to the official plat of the survey of the said Lands, returned to the General Land Office by the Surveyor General, which said tract has been purchased by the said Henry Hanford.

NOW KNOW YE, That the UNITED STATES OF AMERICA, in consideration of the premises, and in conformity with the several acts of Congress, in such case made and provided, have given and granted, and, by these presents, do give and grant, unto the said Henry Hanford, and to his heirs, the said tract above described: To Have and to Hold the same, together with all the rights, privileges, immunities and appurtenances, of whatsoever nature thereunto belonging, unto the said Henry Hanford and to his heirs and assigns forever.

In testimony whereof, I, Andrew Jackson, PRESIDENT OF THE UNITED STATES OF AMERICA, have caused these Letters to be made Patent, and the Seal of the General Land Office to be hereunto affixed.

Given under my hand, at the City of Washington, the Thirtieth day of January in the year of our Lord one thousand eight hundred and thirty four and of the Independence of the United States the fifty Eighth.

By the President: Andrew Jackson,

By A. J. Donelson, Sec'y.

Commissioner of the General Land Office.

1834년 오하이오의 토지 불하 증명서.

위가 640에이커(약 783,471평)에서 320에이커(391,735평)로 낮아졌고 지급조건도 획기적으로 개선된다.

"계약금은 에이커당 25센트 지불, 나머지 잔금은 4년 내에 완불."

신대륙은 과거의 토지 거래가격이 없었기 때문에, 미국 정부는 거침없이 공짜나 다름없는 금액으로 토지를 매각했고, 광대한 토지는 토막토막 잘려나갔다.

당시에는 유럽에 밀어닥친 기근 때문에 수많은 이민자들이 미국으로 건너오고 있었다. 대서양을 횡단하는 배삯이 싸진 것도 한몫했다. 1804년 미국 정부가 다시 토지의 최저 구입 단위를 절반으로 낮추자, 몇 백만 명에 달하는 유럽 소작농이나 숙련공 출신의 이민자들이 그 덕분에 배타적이고 독립적인 농장을 쉽게 확보할 수 있었다. 이렇게 1811년까지 수많은 토지가 잘려 매각되었다.

그후 토지 매각이 잦아들었을까? 그렇지 않았다. 1815년부터 토지 매각은 지속적으로 다시 증가했으며 20년 이상에 걸쳐 계속 이어졌다. 그 결과 미국은 소유권이 없는 토지가 널려 있는 나라가 아니라 토지 소유권이 폭주하는 나라로 급속하게 변모한다. 이를테면 일리노이 주에서는 해마다 50만 에이커(약 6억 1,200만 평)의 토지가 영세 농민의 손에 넘어갔다. 앨라배마 주에서는 정부에 의한 토지 매각이 1816년에 60만 에이커(약 7억 3,400만 평)에 이르고, 1818년에는 228만 에이커(약 27억 9,100만 평) 상당에 달했다. 정부는 이처럼 헐값으로 토지를 계속 팔아치웠던 것이다.

미국 정부의 토지 매각 정책은 매우 견고하게 추진되었다. 투기를 걱정하는 사람도 있었는데, 실제로 몇 곳에서 투기가 벌어진 것으로 조사되었다. 이렇게 토지를 급격히 매각하자 토지가격은 다시 고꾸라졌고, 1820년대에는 매각가격을 더 낮추어 결국 1에이커당 1달러 25센트까지 떨어졌다.

미국의 토지 분할 정책

미국 정부는 왜 이렇게 토지를 분할 매각한 것일까.

역사적으로 토지 소유권에 대해서는 의견이 분분하다. 18세기 프랑스 사상가인 루소(Jean-Jacques Rousseau)는 토지 소유권이 인간 불평등의 기원이라고 단정했다. 그는 1755년 발간된 『인간불평등기원론』에서 인간 불평등의 기원을 자연적인 것과 인위적인 것으로 구분하고, 신체적 차이, 육체적 힘의 차이는 수용하지만, 도저히 수용할 수 없는 점은 사적소유제도와 신분제도라고 몰아세운다.

"사적소유제도는 불평등을 초래한다."

당시 시민들은 어리둥절했다. 지금까지 두 제도를 아주 당연한 것으로 수용하고 있었기 때문이다.

제도의 장점과 단점에 대한 이해는 사회변동의 방향성을 예측하게 한다. 루소가 내놓은 사적소유제도에 대한 무용론은 당시 획기적 사상이었고, 이는 세계를 발칵 뒤집어놓는다.

루소의 사상을 조금 더 들여다보자. 그는 어떤 토지에 배타적 소유권을 부여하는 행위는 악의 근원이라고 단정했다. 국가는 모든 국민의 이익을 고려해야 하는 중요한 의사결정의 주체임에도, 특정인의 이익을 대변하는 주체로 변질되었다고 주장한다.

"소유권의 구분 표시를 과감히 없애버리고, 토지를 어느 개인의 배타적 소유로부터 해방시켜야 한다."

이런 논거에 따른다면 미국의 토지 분할 정책은 분명 패착임에 틀림없었다. 후손들에게도 동일한 기회를 줄 수 있어야 공평하지 않을까?

그러나 당시 미국 정부는 토지 소유권의 유예는 미국의 발전을 가로막는 거대한 장애물이라고 단정하고 분할 정책을 밀어붙였다. 외형적으로 보아도 미국의 토지 분할 정책은 과감하고 무모해 보였다. 세밀한 검토 없이 무모한 토지 분할 정책으로 국부를 낭비한 것은 아닐까?

반면 오스트레일리아, 뉴질랜드, 캐나다는 미국과는 다른 정책을 시행한다. 이들 국가는 단계별 목표를 세워 차별적인 토지정책을 실행해 나간다. 그렇다면 미국은 왜 그렇게 많은 토지를 단기간에 팔아치운 것일까.

국가의 부와 탐욕

결론을 말하자면, 미국 제조업의 성공에는 해밀턴의 '미국 시스템'이 결정적 영향을 미쳤다. 농업의 경우는 1796년부터 실시된 정부의 거침없는 토지 분할 정책이 농업 부국의 결정적 토대를 만든다. 현재의 강한 미국은 그냥 오지 않았다. 제조업의 인프라를 정확하게 겨누는 『제조업 보고서』와 토지의 분할 정책이 강한 미국의 출발점이었다.

토지 분할 정책은 인간 본성에 대한 우려를 함축하고 있다. 어떻게 해야 만족을 모르고 쉼 없이 일하는 인간으로 변모시킬 수 있을까 하는 생각이 깔려 있다. 이에 "국가에 필요한 것은 감사기도가 아니라 탐욕이다"라는 것이 핵심적 국가원리로 채택된다.

다소 의아할 수도 있다. 하지만 국가와 개인의 이익은 상호 충돌한다. 개인에게 감사의 마음은 분명 평안을 주지만, 국가에게 있어 감사의 마음은 빈곤의 출발점이 될 수 있다.

이제 미국은 본질적인 질문을 던진다. "인간의 태생적 특성을 무력화하는 제도는 무엇일까?" 그리고 그 답을 '네덜란드 시스템'에서 발견한다.

네덜란드 시스템

네덜란드는 오래전 비운의 국가였다. 북쪽 땅은 서늘했고 쓸 만한 토지가 없었다. 당시 해수면보다 낮은 간척지는 통한의 대상이었다. 토지를 농지로 쓰려면 제방을 만들어 저지대를 해수와 분리시켜야 했고, 간척지를 뒤덮은 이탄층(泥炭層, 늪이나 못의 물 밑에 완전히 부패나 분해가 되지 않은 식물의 유해가 진흙과 함께 퇴적한 지층)을 걷어내는 힘겨운 작업이 필요했다. 네덜란드는 토질 때문에 농사가 문제였고, 농사가 생각대로 안 되니 항상 곡물 부족에 시달렸다.

그런데 이때 한 공무원이 제안한 농지의 분할 정책은 그럴듯했다. 여기에 사람들은 한 가닥 희망을 걸었다.

"없는 것보다 낫겠지."

초기 농민들의 반응이었다.

"형편없는 땅이지."

농부들은 투정했다. 네덜란드 정부는 의사결정에 부담이 없었다. 커다란 이권이 걸려 있는 거창한 토지도 아니었고, 서로 소유권을 불하받으려고 치열하게 경쟁하는 상황도 아니었기 때문이다.

네덜란드 정부의 입장은 분명했다. 버리기는 아깝고, 소유하자니 버겁고. 결국 공중에 토지 소유권을 뿌리는 정책으로 돌파구를 생각해낸 것이다.

네덜란드 정부는 우선 측량을 통해 간척지(polder)의 소유권을 잘게 쪼개었다. 간척지를 분할하는 작업은 정부의 입장에서 대단히 손이 많이 갔고 반대도 많았다. 척박한 땅이 미래를 보장할 수 있을까? 아무도 고개를 끄덕일 수 없었다. 농민들에게 간척지를 불하하자는 의견은 정교하게 입안된 정책이 아니었다. 하마터면 추진과정에서 정책이 공중분해될 뻔한 위기도 닥쳤다.

아울러 간척지 개척 작업은 고역 중의 고역이었다. 한 층을 걷어내면 또 다른 층이 나왔고, 간척지가 점점 낮아지면서 추가 제방을 쌓아야 했기 때문이다. 이런 땅에서 노동을 해야 하는 농민의 입장은 참으로 참담했다.

농민들이 지독하게 힘든 이런 상황에서 힘을 냈던 이유는 무엇이었을까? 이 땅에서 농작물을 산출할 수 있다면 그 생산물은 지대가 없이 자신의 것이 되었기 때문이다. 그렇기에 한 번 하던 삽질을 두세 번 했다. 혹시 토질이 변하여 풍부한 산출물이 나온다면 춤이라도 추고 싶었을 것이다.

물론 작은 소망은 언제든지 절망으로 추락할 수 있는 법이다. 오늘은 소망, 내일은 절망, 농민들의 생각은 그때그때 바뀌었다. 그만큼 간척지에서 염기를 빼는 일과 이탄층을 걷어내는 일은 쉽지 않았다.

그런데 어느 날 기이한 일이 일어났다. 산처럼 쌓여 있는 이탄을 사겠다는 매수자가 나타난 것이다. 도저히 믿을 수 없는 일이었다.

간척지에서 걷어낸 이탄은 석탄보다는 못하지만 화력이 좋아서 땔감으로는 충분했다. 중요한 것은 농민들에게 희망이 생겼다는 것이다. 이후 농민들의 태도가 예전과는 확연히 달라졌다. 기존의 소작농처럼 시키는 일만 하는 것이 아니라 본인의 판단에 따라 주체적으로 움직였다. 정부 정책에 의존하는 습성도 없어졌다. 그야말로 '일하는 영주'의 모습이 생활 속에서 구현되었고, 그에 따라 곡물 생산도 지속적으로 증가했다.

농민들은 경제적 지위가 상승하면서 농지 관련 기득권의 상징적 단체인 배수협의회(Drainage Councils)의 일원으로도 당당하게 참석하게 되었다. 배수협의회의 구성원은 아무나 되는 것이 결코 아니었다. 그만큼 이들의 위상이 달라졌다는 것을 알 수 있다. 그뿐만이 아니었다. 농민들에게 결정적 '대반전'의 행운은 따로 있었다.

13세기 네덜란드의 윌리엄 2세가 후에 배수협의회로 발전하게 되는 조직에 헌장을 주고 있다. 네덜란드의 경우 농지를 가지게 되면 배수협의회의 일원이 될 수 있었다.

흑사병 창궐과 농지가격 폭등

14세기 말 흑사병이 유럽에 닥치자 중세의 장원은 더 이상 유지될 수 없었다. 장원에 몰려 살던 농노들뿐만 아니라 귀족들도 멀리 피신하여 산속 등으로 도망쳤다. 장원의 해체로 곡물 생산이 줄어들자, 1450년 무렵 유럽의 물가는 천정부지로 치솟았다. 이렇게 흑사병의 대유행과 함께 농지가격도 폭등했다.

한편 곡물가격 상승으로 농지의 수익성이 좋아지자, 금융자본은 '제방 축조 프로젝트' 혹은 '배수시설 프로젝트'에 투자를 하기 위해 몰려들었다. 예전에 거부했던 투자 프로젝트를 긍정적인 시각으로 재검토하는 일도 벌어졌다.

역사의 기록에 의하면 1610~1640년 네덜란드 투자자들은 1천만 길더에 해당하는 대규모 투자 프로젝트를 추진한 것으로 나온다. 당시 1천만 길더는 네덜란드 국부보다 더 큰 금액이었고, 프로젝트에는 4~5%의 이자율이 제시되었다. 하지만 아무리 훌륭한 프로젝트라도 곡물가격이 폭락하면 투자가 물거품이 될 수도 있었다. 반면 이 프로젝트가 대성공하여 곡물의 추가 공급이 커지면 이는 농지가격이 '대폭락' 하는 뇌관이 될 수도 있었다.

제조업과 국가의 운명

한편 미국 정부의 토지 분할 정책은 네덜란드의 시스템을 토대로 하고 있었다.

"인간은 왜 노동을 하는가." 미국은 여기에 집중해서 제도를 만든다. 국가는 운동장을 제공하는 것으로 충분하다고 결론을 내린 것이다. 게으른 인간을 일하게 하는 방법은 무엇일까. “이 땅은 지금부터 영원토록 너의 배타적 소유이다.” 토지 분할 정책은 인간의 게으른 본성을 분쇄시키려는 첨병이었다.

네덜란드 시스템은 농업 부문이 핵심이다. 네덜란드 주연합(United Provinces of the Netherlands)은 끝없이 계속되던 스페인과의 전쟁 와중에도 경제적으로 번영한 국가를 건설한다. 곡물 수송과 어업, 조선업이 호조세를 보이면서 그 부를 어떻게 관리할지에 대한 독창적인 방안들도 제시되었다.

1609년에는 세계 최초의 중앙은행인 암스테르담 은행을 설립하여 금융거래를 촉진했다. 그리고 조선업 투자를 통해 17세기 후반까지 세계에서 가장 막강한 해군력을 자랑하게 된다. 무역과 해운, 농업의 발달은 자본의 형성에 결정적 토대를 마련한다.

또한 네덜란드는 1602년 아메리카 대륙과 아시아를 관할하는 세계 최초의 다국적 기업을 설립하여 신규 시장을 노린다. 동양으로 가는 해로를 보호하기 위해 아프리카 희망봉에 새로운 물류기지를 세웠는데, 이것이 수백 년 후 영국과 전쟁을 벌이는 결정적 계기로 작용한다.

네덜란드가 거의 200년 동안 유럽을 선도했던 역량에는 간척지의 소유권 분할 정책이 결정적 역할을 미쳤다. 당시 네덜란드 경제를 볼 때 수익성이 높은 무역 부문은 엄청난 자본을 낳았지만, 국내 경제는 기술진보의 상대적 부재와 장애물에 가로막혀 자본의 효율성이 부족했다. 결국 네덜란드 국내의 금리 하락으로 통화량이 급증했고, 이에 따라 물가와 임금이 올랐고 제조업의 경쟁력은 바닥으로 추락했다.

한편 미국의 토지 분할 정책에는 인간 본성을 꿰뚫는 확신이 함축되어 있었다. 국가의 부는 노동의욕을 고취시키는 제도가 결정한다고 확신한 것이다. 미국과 네덜란드는 제조업에서 큰 차이를 보인다. 미국은 제조업을 휘어잡았고, 네덜란드는 제조업을 놓친 것이다.

국가, 기업 및 개인은 경제 생태계에서 역할이 사뭇 다르다. 경제 생태계의 조성이 국가의 몫이라면, 기업과 개인은 생태계의 활용에 치중해야 한다. 물론 신규 업종의 경우에는 생태계가 형성되는 데 오랜 시간이 필요하므로 기업도 생태계 조성에 힘써야 할 것이다.

그렇다면 우리 대한민국의 국가 시스템은 어떤가? 가장 경쟁력 있는 버전으로 국가 시스템을 유지하고 있는지 질문을 던져봐야 할 것이다. 국가의 우월체계는 시스템의 우월과 처지에서 확보되기 때문이다.

통화량이 내민 '거대한 부'의 운명

대운과 대재앙은 간극이다

16세기, 스페인에 국가적 행운이 몰려오자 국민들은 기뻐했다. 현실의 가혹한 물가 폭등을 '일시적 부작용'이라고 착각한 것이다. 그러나 그것은 결국 '대재앙'으로 돌아왔고, 국민들은 분노했다.

"상황이 허락된다면 치고 나아가 '대반전'을 이루리라."

무엇이 잘못되었을까. 먼저 정책적 측면에서 '전략의 결핍'이 문제였다. 국가는 언제든지 준비가 되어 있어야 한다. 국가의 정책은 대운(大運)도 한순간에 대재앙으로 바꾸어버릴 수 있다.

스페인의 역사는 참으로 비통했다. 세 번(1519, 1545, 1548)에 걸쳐 국가적 행운이 반복되지만 결국 모조리 놓친다. 전략도 없었고, 국민에 대한 동정심도 없었기 때문이다.

뉴 스페인, 희망이 되다

스페인은 신대륙 발견 후 뚜렷한 성과를 내놓지 못하고 있었다. 스페인 왕궁은 목을 쭉 빼고 신대륙으로부터 좋은 소식이 오길 기다렸다.

"언제 기쁜 소식을 전해주려나?"

스페인이 보낸 개척자들은 광산을 발견하는 데 혈안이 되어 있었다. 그런데 쉽지 않았다. 몸에 귀금속을 주렁주렁 매달고 있는 원주민들이 광산 혹은 금의 은닉처만은 일절 함구했기 때문이다.

그런데 1519년 11월 8일, 뜻밖의 행운이 찾아왔다. 원정대 대장 에르난 코르테스가 아즈텍 제국의 수도인 테노치티틀란(지금의 멕시코시티)을 원정했을 때, 제국의 황제 무테수마를 직접 '알현'할 수 있는 기회가 생긴 것이다. 무테수마 황제는 원정대가 쳐들어오자 영접을 나와 선뜻 왕권을 내려놓았던 것이다.

기록은 아즈텍 원주민들의 눈에 원정대의 대장 코르테스의 외모가 '신의 사자'를 닮았기 때문이라고 말한다. 사실 원주민들에게는 유럽인들의 외모가 '금발의 흰 피부를 지닌 신 케찰코아틀(민중에게 문화를 전수하는 아즈텍 문명의 신)'의 부활로 보여질 만했다.

너무나도 손쉽게 아즈텍 제국을 장악한 코르테스는 가차 없이 무테수마 황제를 구금했고, 결국 금은보화의 은닉처를 알아냈다. 엄청난

1519년 11월 8일, 아즈텍 제국의 수도에서 황제 무테수마가 원정대 대장 에르난 코르테스를 직접 알현한다.

귀금속을 발견한 코르테스는 환호성을 질렀다.

원정대의 유일한 관심은 오직 반짝이는 물건이었으며 예술 혹은 문화재의 가치는 관심 밖이었다. 이들은 쿠스코 지역과 보고타 지역에서 엄청난 귀금속을 약탈했는데, 신전에 쳐들어가 700개의 금판을 약탈했고 정교하게 세공된 신전의 문짝들까지 뜯어내 모조리 녹이는 등 원주민이 소유하던 금과 은을 빼앗는 데 집중했다. 목록을 작성하는 데에만 꼬박 3일이 걸렸을 정도였다. 그런데 무테수마를 통해 금의 은닉처를 발견한 것은 이어지는 국가적 행운의 서막에 불과했다.

은괴, 경제를 죽이다

1545년, 뜻밖의 장소에서 이번에는 은광이 발견되었다. 스페인 역사의 거대한 전환점이었다. 오늘날 남미 볼리비아 공화국의 일부인 포토시(Potosi)는 '시끄러운 곳'이라는 뜻이지만 당시에는 황량하고 외딴 곳이었다. 원주민 목동이 몇 마리의 라마를 치고 있었을 뿐이었다. 그런데 다음과 같은 목동의 사소한 말 한마디가 단초가 되어 의외의 곳에서 은광이 발견되었다.

"정상 근처 괴상하게 솟아 있는 약 400미터 높이의 뾰족한 산 모양이 아주 신기했지요."

그렇게 거대한 은맥이 발견되고 대대적으로 채굴을 시작하자 소문을 듣고 많은 사람과 가축, 설비들이 이곳으로 몰려들었다. 광맥의 발견으로 이 황량한 지역은 불야성으로 바뀌었다.

포토시의 발견이 우연이라면 1548년 페루의 사카테카스(Zacatecas) 광맥 발견은 철저한 계획과 노력의 결과였다. 스페인은 포토시에서의 경험을 토대로 이곳에서 광맥을 발견하자마자 멕시코시티로 신속하게 운송하기 위해 도로 건설을 추진했다. '내륙의 왕도'라는 이 도로명에도 스페인의 꿈이 서려 있다.

그런데 은의 채굴량이 점점 증가하자 스페인에서는 기이한 현상이 벌어진다.

"왜 살기가 더 힘들지? 그놈의 은괴, 구경이나 한번 해보자."

스페인 국민들의 생활 형편은 좋아지기는커녕 점점 악화되었다. 그래도 은이 조금씩 수입되던 1503~1530년은 견딜 만했지만 1541~1550년 사이 은이 대량으로 들어오면서 상황은 더욱 악화되었다. 그것은 또한 '대재앙'의 전조였지만 알아채는 사람은 많지 않았다.

스페인 국민들은 신대륙으로부터 유입된 은이 부를 가져다줄 것이라는 이야기를 더 이상 믿지 않았고, 치솟는 물가에 한숨을 내쉬었다. 기록에 따르면 당시 수입된 은괴는 재화로 취급된 것이 아니라 8레알의 은화로 제조되어 통화로 직접 사용되었다.

이미 눈치챘을 것이다. 귀금속의 경우 어떻게 취급하느냐에 따라 결과는 극단적으로 달라진다. 금이나 은 같은 귀금속을 재화로 취급하면 통화량과 무관하기 때문에 물가와 관련이 없지만, 직접 통화수단으로 사용하면 얘기는 달라진다. 당시 보편적으로 사용되던 스페인의 8레알 은화는 오늘날 미국의 100달러 지폐나 비자카드처럼 대중적으로 통용되는 것이었다. 스페인 국민들은 지독한 물가 폭등에 시달리게 되었고, 물가 폭등은 고정 소득에 의존하는 이들에게는 지옥이었다. 사람들은 웅성거리며 은괴에 손가락질을 했다.

"검은 뒷거래가 문제야."

스페인 국민들은 절대왕정의 도덕성을 의심했다.

"막대한 양의 은을 분명 빼돌렸을 거야."

물론 스페인 정부도 정확한 이론을 갖다 대기에 쉽지 않았을 것이다. 당시에는 통화와 재화의 차이를 구분하지 못했고, 은과 금은 고귀한 재화이니 이를 들여오면 국가의 부를 일으킬 거라고 지레짐작했던 것이다.

'죽은' 국가전략

스페인 정부가 전략적 정책을 수립했다면 역사는 달라졌을 것이다. 만약 스페인 정부가 당시 은괴를 활용하여 강력한 신용도의 국가 화폐를 발행하고, 합리적 경제체제를 주도하여 완성했다면 어떻게 되었을까. 신용도가 보강된 국가 화폐는 스페인을 넘어 유럽의 화폐가 되고, 유럽을 넘어 세계의 중심 화폐로 자리 잡았을 수도 있을 것이다.

역사는 스페인 정부의 무분별한 정책이 어떻게 경제를 죽였는지 생생하게 말해준다. 통화량이 엄청나게 늘어나고 물가가 급등하자, 스페인 정부는 이러한 불균형적 현상에 어찌할 바를 몰랐다. 통제되지 않고 무분별하게 풀린 통화량은 스페인과 유럽에 어떤 영향을 미쳤을까?

균형 상태에 있는 A국과 B국 두 나라가 있다고 하자. A국에서 통화량이 급격히 증가하면 균형 상태는 무너진다. 통화량이 증가한 만큼 재빠르게 생산량을 증가시키지 않으면 물가는 급등하게 된다. 거대한 은광의 출현이 가져온 현실이다. A국의 높은 물가는 B국의 재화와 서비스의 수출을 촉진시키고, 결국 거래가 활성화되면서 다시 균형점을 찾을 것이다. 그러나 이론과 실제 양상은 좀 다르게 흘러갔다.

스페인의 은괴와 8레알 은화가 바로 통화량으로 국내와 유럽에 풀리자 물가 폭등의 규모는 이루 말할 수 없었다. 스페인의 극단적 경제 현상은 경제의 작동원리를 간과한 당시 정부의 실책과 무지에 기인한 것이라고 볼 수 있다. 물론 당시는 애덤 스미스(Adam Smith, 1729~1790)의 『국부론』이 나오기 전이었고, 여전히 경제의 기본적 원리에 대해 논쟁이 많았던 시기였다.

16세기 내내, 신대륙의 땅 뉴 스페인(New Spain)은 스페인에 1만 6,000톤 이상의 은을 안겨주었다. 17세기에는 2만 6,000톤 이상, 18세기에는 3만 9,000톤 이상의 막대한 은이 스페인으로 유입되었다. 그리고 이렇게 유입된 은은 스페인에만 한정되지 않고 유럽의 각 나라로 확산되었다.

어쨌든 결과적으로 신대륙으로부터 유입된 막대한 은은 스페인 국민들에게 '대재앙'이 되었다. 스페인을 지배하고 있던 합스부르크 가문의 왕들은 대규모 전쟁을 일으켜 재정을 흥청망청 사용했다. 유럽의 큰손 푸거 가문과 한몸이 되어 광산 채굴권을 담보로 거액을 차입했고, 결국 채무불이행의 늪을 빠져나오지 못했다.

당시 은의 유입이 유럽 및 신대륙, 중국에까지 막대한 유동성을 창출하고 대륙 간 무역을 촉진시킨 긍정적 역할은 인정할 수 있다. 하지만 막대한 은괴와 8레알 은화가 통화량으로 풀리자, 국민들은 물가 폭등에 따른 실물자산의 가격 폭등으로 어마어마한 고통을 겪었다. 구매력 기준 월급의 실질가치가 형편없이 추락했으므로 노동자의 삶은 이루 말할 수 없이 비참했다. 물론 이로 인해 부와 소득의 격차는 더욱 크게 벌어졌다. 국가 간 격차도 벌어졌다. 무역업의 위력은 생각보다 컸다. 떼돈을 번 주변 국가가 있는가 하면, 무역에 아직 눈을 뜨지 못했던 국가는 통한의 눈물을 삼켜야 했다.

막대한 은광으로 널리 알려진 포토시.

들이닥친 폭거, 재화 부족

불균형적 현상은 여기에 그치지 않았다. 유럽에 은이 범람하게 되자 엎친 데 덮치는 현상이 벌어진다. 스페인에 재화가 부족해졌던 것이다.

지금의 시각으로 보면 이것은 스페인의 화폐가치 폭락과 신대륙의 재화 결핍이 맞물려 일어난 것으로 볼 수 있다. 당시 스페인에서는 물가가 급등하자 재화의 가격이 더 오를 거라는 기대심리에 의해 공급이 축소되는 현상이 발생한다. 모직물과 구두, 양탄자, 가구, 견직물, 시계의 공급이 부족해지면서 시장이 마비되었다. 시장에 물건을 내놓는 사람이 없었고, 재화 부족이 확인되자 다시 물가가 급등했다.

1545년이 되자 신대륙에 대한 물자 공급은 거의 불가능했다. 신대륙에 공급할 재화를 확보하려면 적어도 6개월이 필요했고, 이 기간을 단축하기는 쉽지 않았다. 살인적인 물가 폭등이 얼마나 심각했는지 짐작할 수 있을 것이다.

스페인은 자국과 신대륙의 재화 공급을 위해 주변국에 의존한다. 1570~1589년, 스페인은 직포와 원단, 종이, 책, 각종 목재 등 신대륙에 수출할 물품을 외국으로부터 수입했다.

자산가격은 스스로 움직이지 않는다. 통화량의 증가 혹은 감소라는 현상과 맞물려 수시로 변화된다. 통화량이 증가하는 상황에서 재화와 자산의 공급이 부족하면 결국 가격 폭등으로 수렴한다. 그리고 물가 상승에 따른 실물자산 폭등은 결코 스페인에만 한정되지 않고 유럽 내륙으로 깊숙하게 파고들었다.

이탈리아 경제사학자인 카를로 치폴라(Carlo M. Cipolla, 1922~2000)는 당시 스페인의 역사를 생생하게 보여준다. 그 무렵 유통되던 '8레알 은화' 상당량이 순도가 떨어지는 함량 미달이었다. 현대적 의미의 화폐가치 하락은 '환율 폭등' 현상으로 설명될 것이다. 당시 경제체제를 현재와 비교하는 것은 맞지 않다. 8레알 은화의 상당량이 기준에 훨씬 못 미치는 함량을 지녔던 것은 어쩌면 물가 폭등에 따른 통화가치 하락으로 대변되는 불가피한 조치였을지도 모른다.

국제통화가 넘쳐나던 당시의 현상은 세계 최초의 경험이었다. 그리고 이러한 스페인의 역사적 경험은 경제정책의 중요성을 적나라하게 보여준다. 스페인 국민들에게 참담하고 안타까운 역사일 것이다.

한 국가의 문제는 국가 내부에 한정되지 않는다. 실물자산의 세계적 폭등 현상은 통화량 급증 때문이다. 역사적으로 통화량이 폭증하면 가격이 천정부지로 치솟았고, 공급 부족 사태가 닥쳤다. 실물자산의 가수요도 가만있지 않았던 것이다. 그런데 앞으로는 세계적으로 통화 급증 현상이 빈발할 것이 예상된다. 2016~2021년에도 세계적으로 엄청난 통화량이 풀렸다. 코로나19 사태는 통화량의 폭증을 더욱 부채질했지만, 아직 거시적 변수보다 국부적인 세부 원인에 익숙해져 있는 사람들에게 세계적 현상에 의한 통화량 증가는 익숙하지 않을 수 있다. 그러나 이제는 글로벌의 시각으로 통화량의 확대 국면인지 혹은 축소 국면인지를 가장 먼저 챙겨야 할 것이다. 그만큼 중요하다는 얘기다.

참고로 한국의 부동산은 여기에 두 가지 상황이 더해진다. 수도권의 경우 토지 고갈에 대한 극도의 불안감이 있었고, 여기에 그치지 않고 신축 아파트에 대한 수요도 공급 부족을 자극했다.

눈발을 폭설로 바꾸는 부의 비밀

틀을 완강하게 거부하라

여기서 멈출 것인가, 전진할 것인가. 17, 18세기에 이르자 영국도 다른 나라처럼 국왕이 마음대로 세금을 걷는 체제가 더 이상 아니게 되었다. 하지만 영국은 결정적 폭발력을 차별적 방법으로 만들어낸다. 틀의 생성과 통합화를 통한 일체화의 과정이 어떠했는지 알아보자.

내몰리는 '오늘'

16세기 말 영국도 인도양에 진출했지만, 여전히 네덜란드와 포르투갈이 영국보다 한 수 위였다. 해상에서 무력충돌이 발생했을 때 어쩌다 영국이 이기는 경우가 있기는 했지만, 최종 승자가 되기에는 어림없었다. 네덜란드와 진검승부를 가리기에는 역부족이었던 영국은 슬슬 피해다니는 수밖에 없었다. 하지만 영원히 그럴 수는 없었다.

"국왕이 마음대로 세금을 결정해서는 안 된다."

영국 의회의 강경한 입장은 영국 왕실을 나라 밖으로 내몰았다. 중세에는 국왕 마음대로 세금을 징수하여 국고를 채웠지만 더 이상은 힘들었다. 신대륙 발견으로 대박을 맞은 스페인처럼, 영국도 멋진 승부수를 띄우고 싶었다. 영국은 우여곡절 끝에 발견한 인도양 북쪽의 새로운 땅인 인도를 발판 삼아 세계 경제 질서의 주도권을 뒤집고자 나서게 된다.

인도 무굴제국과의 차별적 한판

영국에게는 당시 인도를 점령하고 있던 무굴제국(1526~1858)과의 한판이 불가피했다. 무굴제국 사람들은 몽골의 후예로서 사람을 소 몰 듯 내몰고, 사람의 해골로 탑을 쌓기도 했을 정도로 거칠고 포악하다고 알려져 있었다. 이들은 포악한 점령자의 태도로 인도를 다스렸기에, 대부분 힌두교를 믿었던 인도인들의 반감이 만만치 않았다.

영국은 무굴제국을 제압하기 위하여 서해안과 힌두교라는 두 가지 핵심 전략을 썼다. 무굴제국이 인도 동부를 거점으로 택했다면, 영국은 인도 서부를 침투 거점으로 삼았다. 또한 힌두교인들의 반발 심리를 적극 활용했다.

인도 시장에 대한 영국의 접근방식은 그럴듯했다. 영국인들은 당시 사람이 살지 않던 봄베이(지금의 뭄바이)를 거점으로 무역사업 허가를 얻어냈다. 인도인들은 만약 영국이 봄베이를 최고의 공업단지로 개발하고, 인도 서해안을 상업의 중심지로 키워낸다면 상황이 달라질 수 있을 것이라는 기대를 품었다.

한편 영국이 첫 번째로 내놓은 카드인 힌두교 우대정책은 초기에 많은 의구심을 자아냈다. 당시 무굴제국의 집권계층은 주로 이슬람교를 믿고 있었는데, 지배층의 종교를 우대해야지 다른 종교를 우대한다면 지배층의 눈 밖에 나지 않을까? 하지만 영국은 거침이 없었다. 신규로 채용하는 현지 인력을 모두 힌두교인으로 제한하고 공무원, 의사, 변호사 등 사회 고위층의 자리를 하나씩하나씩 힌두교인들이 차지하도록 지원했다.

힌두교인들에게 항상 우선권이 주어지자, 영국인 점령지역에서 이슬람 교인들이 설 자리는 점점 줄어들었다. 결국 이슬람교인들과 힌두교인들은 대립하게 되었고, 영국은 그 대립상황을 이용한다. 이때 뿌려진 종교 갈등의 씨앗이 아직도 인도인들 사이에 뿌리 깊게 흐르고 있을 정도이다.

영국은 인도를 지배하기 위해 초기에는 무굴제국의 기존 지배층을 구슬려야 하는 상황도 경험했다. 힘이 약할 때는 타협이 전략이다. 영국은 차근차근 접근하여 인도 동해안에서는 동남부 벵골 만에 위치한 항구도시 마드라스에 자리를 잡은 후 점차 북쪽으로 이동했고, 1690년에는 캘커타라는 작은 마을에 자체적인 상업도시를 건설하기 시작했다. 그리고 1698년, 영국인들은 무굴제국이 가지고 있던 일종의 봉건적인 특권인 조세권을 처음으로 획득했다.

인도 토착민의 입장에서는 자기들 땅에서 외부세력이 다투는 꼴이었다. 유럽인들의 침입에 못마땅해하던 인도의 권력가들이 영국에게 조세권을 인정해줄 이유는 전혀 없었을 것이다. 그런 적대감을 약화시킨 결정적 요소는 영국이 토착 상인들과 그 상위계층이 영위하던 무역업을 적극적으로 도왔던 것이었다. 그 과정에서 영국은 조세권을 취득하게 되었다.

인도 캘커타의 정부 청사 모습. 18세기 말에서 19세기 초에 그려진 것으로 추정된다.

틀의 대결, '기존'과 '거부'

상품과 시장을 보는 능력은 사업과 무역의 승자를 가른다. 영국은 기존의 양모와 모직물에서 결정적 흠을 발견한다. 온화한 날씨에도, 아니 사계절 내내 입을 수 있는 옷은 없을까? 그런데 인도에서 생산되는 면직물은 양모로 만든 모직물보다 가볍고 착용감이 좋았으며, 덜 더웠고 물세탁도 가능했다. 그래서 영국은 인도에서 생산되는 면직물에 주목했다.

"유럽의 의류시장을 석권하리라."

네덜란드는 영국과는 달랐다. 인도네시아와 동남아 등 아시아 지역에 적극 매달렸다. 인도인들은 동남아시아의 향신료와 특산물을 좋아했기 때문에 이들은 인도네시아에서 취득한 향신료를 인도에 팔고, 인도산 면직물을 동남아시아에 팔아 양쪽으로부터 이윤을 챙겼다. 이런 교차판매의 무역업을 통해 농업과는 차원이 다른 수익을 올렸다. 꿩도 먹고 알도 먹는 전략이었다. 네덜란드는 이렇게 확실하고 안정된 방식을 고수했다.

우리는 부의 형성을 '틀의 거부'라는 시각으로 봐야 할 것이다. 또 영국과 네덜란드가 경험했던 비즈니스 방법을 정교하게 분석해보는 것도 필요하다. 기록을 보면 네덜란드와 영국의 전략 차이는 더욱 명확하다. 1619~1621년에 네덜란드 동인도회사는 1만 2,000필의 인도 면직물을 네덜란드 본토에 수출했다. 반면 영국 동인도회사는 1625년까지 22만 1,500필에 달하는 인도 면직물을 유럽에 수출했는데 반응이 신통치 않았다. 이대로라면 막대한 자본을 들여 유럽 시장을 개척한 것이 영국의 패착임이 분명해 보였다. 영국인들은 조바심을 내며 기다렸다.

17세기 후반이 되자 서서히 결과가 나타나기 시작했다. 시장의 반응이 지독하게 늦게 왔지만, 이때부터 영국의 인도 면직물 수출량이 급격히 상승하기 시작했다. 1660년 말에는 연간 20만 필, 1670년대에는 57만 8,000필, 1680년에는 70만 7,000필이 유럽으로 수출되었다. 네덜란드 사람들은 깜짝 놀라 서둘러 인도 면직물의 수출량을 늘렸지만, 영국의 절반에도 미치지 못했다. 네덜란드가 완벽히 패배한 것이다. 이유가 무엇일까?

영국은 인도산 면직물의 판로 변경을 노리고 있었다. 인도산 면직물의 판로를 '오늘'과 '미래'로 구분했다. 오늘의 판로는 인도네시아와 동남아 지역에 불과하지만, 미래는 분명 달라질 수 있을 것이라고 생각했다. 그리고 한 발 더 나아가 질문을 던졌다.

"꼭 추위 때문에 옷을 입는 것은 아니잖아?"

더운 지역에서만 면직물을 입을 거라는 생각은 '완강한 틀'이었다. 차원이 다른 영국의 질문으로 이 틀이 깨지면서, 유럽 시장에서 면직물이 돌풍을 일으키기 시작했던 것이다.

인도산 면직물의 등장은 유럽인들의 의복에 획기적 변화를 일으켰다. 모직물보다 가볍고 값이 싼 데다가 염색을 하거나 무늬를 찍어 넣는 식으로 디자인을 하기에도 좋았다. 또 모직물에 비해 세탁도 쉬웠고 갈아입기에도 훨씬 편했다. 영국이 시장을 확장하기 위해 유럽을 떠올렸던 것은 정확히 들어맞았다. 추운 기후에서도 면직물은 속옷으로 제격이었다. 편리와 쾌적성 측면에서 면직물을 따라올 의복은 없었다. '미래의 판로'를 고려한 영국의 시각은 결정적이었다. 가느다란 눈발이 폭설로 바뀐 '틀의 파괴'였다. 그리고 그것은 질문 하나로 완성되었다고 볼 수 있을 것이다. 그러나 성공을 거두면서도 영국은 여전히 불안했다. 안타를 이어갈 후속타가 절실했다.

'한 번의 기회가 더 온다면, 시장에서 1등을 확실하게 굳힐 수 있을 텐데.'

산업의 '틀 거부', 인도 시장 통합

면직물의 가격을 확 낮출 수 있는 방법이 있을까? 그렇게만 된다면 면직물은 또 다른 구매와 소비를 불러올 것이었다. 원가를 낮출 수 있는 획기적 방법은 무엇일까?

그 답은 방적기의 탄생이었다. 기계화를 통해 가격을 뚝 떨어뜨리자 더 이상 거칠 것이 없었다. 유럽인들은 면직물의 매력에 빠졌고, 영국 경제는 이로 인해 확연히 달라졌다. 수공업으로 제작하던 작업은 점차 방적기와 방직기를 이용하는 것으로 모두 교체되었다.

역사적 자료를 보면, 1780년대 중반부터 영국 면직물은 인도산 면직물보다 늘 저렴했다. 구매자들은 영국과 인도의 면직물을 좋은 대체제로 생각했기 때문에 둘의 가격 차이는 별로 문제가 되지 않았다. 인도산 면직물 중 캘리코(얇은 인도산 면직물), 모슬린(면사를 촘촘하게 짠 직물) 등이 상당한 차별적 경쟁력을 가지고 있었기 때문이다.

그러나 1790년 이후 시장은 급변했다. 영국 면직물의 가격이 하락하자 동시에 인도 면직물의 가격도 하락한 것이다. 1805년에서 1818년 사이 인도산 면직물 가격에는 획기적 변화가 일어난다.

첫째, 인도와 영국의 면직물 가격 차이가 매우 줄어들었다. 시장이 통합되면서 한 지역의 가격 변화가 다른 지역에 영향을 미쳤다.

둘째, 영국의 면직물 가격이 인도산보다 더 낮게 하락했다. 영국은 기계화를 통해서 생산원가를 확 낮추었는데, 기계화가 불가능했던 인도는 가격을 낮출 수 있는 여지가 없었기 때문이다. 인도는 영국으로

1860년대 인도 봄베이 항구에 쌓여 있는 면직물.

면직물 수출이 불가능해졌고, 이에 따라 인도의 경제는 침체되었다.

여기서 영국은 새로운 시도를 한다. 면직물에서 '원료는 인도', '완성품은 영국'이라는 철저한 이원화 전략을 편 것이다. 수공업 위주의 피지배지 인도는 탄식할 수밖에 없었다.

"이러면 분명 다 죽을 거야."

궁지에 몰린 인도는 은밀하게 집단행동을 암시했다.

'틀 거부'의 부작용

영국의 기계 생산 면직물의 가격은 인도의 수공업 생산 면직물보다 저렴했다. 국내산업 보호를 위해 특별한 조치가 필요하다고 여긴 인도는 차별적 관세 적용을 요청했지만, 영국의 입장은 단호했다.

"이제 손으로 옷감을 짜는 것은 바보짓이다."

비폭력 저항 운동으로 유명한 간디가 물레 앞에서 옷감을 짜는 사진을 본 적이 있을 것이다. 간디가 이렇게 하루 종일 옷감을 짜며 시위를 한 것에는 이러한 경제적 배경이 있었던 것이다.

인도 경제는 영국 경제에 편입되는 과정에서 매우 피폐해졌다. 영국은 당시 세계 경제를 주름 잡았지만, 인도는 경제 통합 과정에서 철저하게 수탈당했고, 결국 생산기지 혹은 소비기지로 전락했다. 또한 영국은 인도 경제를 장악하기 위해서 종교도 활용했는데, 파키스탄과 인도의 분리 독립은 영국이 만들어낸 갈등의 결과물이다.

사회와 역사적 현상을 '부의 시각'으로 재해석해보면 은폐된 중요한 사실이 드러난다. 영국은 산업혁명을 이룩할 당시 각국과 치열하게 경쟁을 벌였다. 인도 시장을 놓고는 무굴제국과 한판을 벌였고, 유럽 시장을 놓고는 네덜란드와 한판을 벌였다. 여기에서 영국이 모두 승리할 수 있었던 힘은 앞서 말했듯 틀을 거부했기 때문이다.

비즈니스는 기존의 시각을 거부하고 새롭게 시장과 상품을 정의하는 행위이다. 영국이 보여준 '틀의 거부'는 많은 부작용에도 불구하고 결정적 국면에서 거대한 힘을 발휘했다 할 것이다.

결정적 국면에 등장하는 함정의 방정식

시장지배 방식은 진화한다

시장을 지배하기 위해서는 기상천외한 방식이 동원되기도 한다. 어떻게 하면 경쟁자를 꼼짝 못하게 할까, 온갖 정책과 전략이 동원된다. 투자와 비즈니스 세계에서도 마찬가지이다.

그렇다면 '내 것'을 효율적으로 늘리려는 제국주의의 정책은 어떻게 진화해왔을까. 크게 보면 재화가격 이중정책, 토지 획책 통제정책, 떼주검 산업정책의 세 가지로 분류된다. 이번에는 역사를 통해 과거의 정책들을 살펴보자.

보스턴 차 사건과 이중가격 정책

시장가격은 수요와 공급을 통해 하나로 결정되지만, 역사적 사건을 살펴보면 이는 종종 무시되었음을 알 수 있다. 특히 지배를 위해서는 특별한 가격정책이 실시되기도 했다. 영국 정부는 18세기 식민지 미국에서 결정적인 시기에 단일한 시장가치를 거부했다. 시장가치를 복수로 정할 수는 없을까. 이원화된 공급창구라면 무슨 일이 벌어질까.

1773년 12월 16일, 미국 매사추세츠 주의 보스턴 항구에 건초더미가 산처럼 우뚝 솟았다. 이 건초더미는 모두 홍차 잎이었다. 보스턴 시민들은 두 눈을 휘둥그렇게 뜨고 놀라움을 금할 수 없었다.

"오호, 건초더미가 달처럼 솟구쳤네!"

홍차가 미국 시장에서 좋은 반응을 일으키자 상인들은 공급이 모자라 발을 동동거리며 조바심을 냈다. 하지만 영국 행정총독은 식민지였던 미국의 무역산업을 대놓고 협박했으며, 단호한 결정을 내렸다.

"이제부터 홍차를 수입하는 모든 무역업자는 관세를 납부해야 한다."

당시 왕실의 재정적자로 위기에 봉착해 있었던 영국은 식민지와의 무역을 총괄하던 동인도회사에게는 무관세를 적용하고, 식민지 미국의 민간 무역상에게는 관세를 부과하는 이중적 가격정책을 강행한 것이다.

홍차 잎을 실은 동인도회사의 배들이 보스턴 항구에 도착하자, 7천여 명의 군중들은 한 가닥 희망을 가지고 대표를 선임하여 마지막 협상에 대비했다.

"저는 교섭권이 없습니다."

선장의 완강한 거부에 무역상 대표는 급히 영국 총독의 공관으로 발길을 돌렸다. 총독은 다소 여지를 보이는 듯했다.

"잠깐 시간을 주시지요."

만약 무역상 대표의 관세 철폐 탄원을 받아들인다면 홍차의 이중가격 정책은 원천적으로 무효가 된다. 그러나 잠시 후 총독은 단호한 답변을 내놓았다.

"관세 철회는 있을 수 없다."

군중들의 시선은 배 위의 차 상자로 옮겨갔다. 보스턴 항구의 다른 곳에 주둔해 있던 4천여 명의 군인들은 긴장했다.

보스턴 차 사건을 그린 그림.

홍차에 대한 관세 부과는 밀수를 더욱 활성화하는 결정적 계기가 될 수 있었다. 영국산 차에 대한 대대적 불매운동도 예상되었다. 하지만 그런 많은 부작용에도 불구하고 식민지 미국으로부터 세금을 거두는 영국의 재정적자는 분명 줄어들 수 있었다. 그러나 가격 이중정책이 이대로 확정된다면, 관세 부담은 곧 원가의 상승이었기에 무역상들은 시장에서 경쟁력이 없었다.

결국 분노한 몇 천 명의 군중들은 떼를 지어 다트머스 호 선상으로 몰려가서 홍차 상자를 바다로 내던졌다. 거대한 홍차 더미는 때마침 밀어닥친 밀물에 휩쓸렸고, 군중은 곧이어 엘리너 호와 비버 호까지 습격했다.

1773년 12월 16일 밤 9시, 결국 동인도회사 소속 배 세 척이 싣고 있던 화물들은 모조리 바다 위로 내던져졌다. 그리고 '보스턴 차 사건'이라고 불리는 이 사건은 미국의 부상과 영국의 침몰을 가르는 변곡점이 되었다.

상업과 무역업을 통해 부를 획득하던 시절, 경쟁자의 상품에는 관세를 부과하고 자국의 상품에는 관세를 제외하는 이중가격 정책은 큰 유혹으로 다가왔을 것이다. 그리고 19세기 초 아프리카에서 등장한 정책은 이러한 인간의 이중적 심리를 더욱 노골적으로 보여준다.

토지정책에 은닉된 공식

19세기 초 유럽인들은 아프리카에서 '토지 획책 통제정책'을 통해 원주민들의 토지 점유와 소유를 물리적으로 금지했다. 한마디로 땅에 선을 긋고 아프리카 원주민들의 거주와 소유를 강력하게 규제한 것이다. 원주민들은 전체 토지의 7%에 불과한 지역에 과밀 거주해야 했으며, 유럽인들은 전체 토지의 93%에서 광활함을 만끽했다.

1800년대 이후 아프리카의 남단 케이프타운에는 유럽인들이 물밀 듯 몰려왔다. 1806년 네덜란드, 영국, 독일, 프랑스에서 몰려든 정착민은 총 2만 5천 명 정도였다. 그리고 1850년에 이 수는 10만 명으로 늘어난다. 하지만 1866년 다이아몬드 발견과 1886년 금광 발견 이후, 1900년에는 유럽으로부터 온 정착민들이 100만 명으로 폭발적 증가세를 보인다.

몰려오는 유럽인을 어떻게 해야 할 것인가. 기존 농경국가라면 간단했을 것이다. 토지에 세금을 물리거나 국가의 재산을 임차해주는 방식으로 적절하게 세금을 걷고 통치하면 충분하다. 그런데 문제는 토지가 너무 많다는 점에서 발생했다. 어떤 물건이 너무 많으면 통제의 수단이 될 수 없다.

아프리카의 남단은 독특한 역사적 배경을 가지고 있다. 1652년 아프리카 남단 케이프타운에 최초로 네덜란드 사람들이 상륙한다. 무역의 핵심적 보급기지를 건설하기 위해 도착한 것이다. 이들 네덜란드계 정착민들은 토착민의 토지를 강탈하여 나라를 세운다. 스스로를 '보어인

(Boer)'이라고 하는 이 백인들은 오렌지 자유국가와 트란스발 공화국을 설립하여 이익의 극대화를 도모했다. 그러자 영국도 가만있지 않았다. 영국은 1899년부터 1902년까지 보어인과의 전쟁을 통해 이들 두 국가를 패망시키고, 합병을 통해 남아프리카공화국을 건설한다.

영국인들은 행정적 측면에서 보어인보다 훨씬 저돌적이었다. 토지의 실제적 점유는 완전히 무시하고, 땅에 선을 긋고는 여기는 유럽인의 소유권만 허용되는 지역이니 토착민은 나가라고 내쫓았다.

토지를 둘러싼 토착민과 유럽인의 갈등은 토착민의 토지 소유와 점유를 제한하는 법령이 발표된 1913년에 정점에 이른다. 인구의 3분의 2를 차지하는 토착민의 거주와 소유가 허용되는 지역은 전체 토지의 약 7%에 불과했다. 한마디로 손님이 주인을 내쫓고는 마음대로 구역을 획책하고 소유권을 확정했던 것이다.

'떼 주검' 산업정책

토지 획책 통제정책은 시간이 흐름에 따라 결국 산업정책으로 전환된다. 정책효과가 훨씬 명확하고 피지배 국가의 종속성이 강화되기 때문이다.

경제 생태계는 물고 물리는 연결고리로 이루어져 있다. 여기에서 핵심을 장악하면 무슨 일이 발생할까. '떼 주검' 현상이 벌어진다. 철도산업으로 예를 들어보자. 유럽의 경제사에서 철도산업은 교두보 이상의 산업, 훌륭한 불쏘시개 산업이었다. 선로는 중공업의 핵심인 철강산업에 뿌리 역할을 했고, 기관차는 자동차산업의 전초 업종이 되었다.

세계 최초의 철도는 1830년 56㎞로 개통된 영국의 리버풀-맨체스터 노선이다. 이 노선은 영국 산업의 기틀이자 토대가 되어 경제에 거대한 활력을 제공했고, 유럽에 철도 건설 붐을 일으킨다. 1850년이 되자 거의 1만㎞에 달하는 철도가 개통되었으며, 30년 후에는 철도망이 2만 5,000㎞에 이른다.

철도에 적용된 증기기관 기술은 수상교통에도 사용되었다. 한 영역의 성공은 결국 외연의 확대로 효율성을 높인다. 19세기 중반이 되자 증기기관은 교통과 제조를 넘어 다른 영역으로 확대된다.

인도는 세계에서 가장 긴 철도망을 가지고 있다. 2차 세계대전 이전에 이미 전국적으로 6만 1,000㎞에 달하는 철도가 건설되었다. 이런 철도망이라면 산업의 성장을 돕는 동력이 되었을 것이라고 생각하겠지만, 현실은 정반대의 결과가 나타났다.

인도의 철도산업은 내국인을 위해 존재하는 사업이 아니었다. 오히려 인도의 산업이 처절하게 붕괴된 결정적 원인이 되었다. 인도의 거대한 철도망은 유럽 경제의 불쏘시개로 쓰였다. 유럽인들은 유럽 소재 기업들에게 인도 철도산업을 위한 주문과 제작의 혜택이 돌아가도록 교묘하게 수작을 부렸고, 인도에서는 제조업의 근간이 완전히 무너지고 말았다.

아프리카도 예외가 아니었다. 1차 세계대전 무렵, 아프리카의 사하라 사막에 3만 5,000㎞의 철도가 개통된다. 민간투자로 자금을 조달했

사하라 사막 횡단 철도 건설 모습. 이 철도는 프랑스가 북아프리카 석탄 광산들과 남아프리카를 연결하기 위해 건설했다.

고, 내륙 지역을 항구와 연결시켜 국민들을 위해 생산물을 수출하려는 목적이었다. 이후 유럽의 공산품이 물밀 듯이 들어오자, 아프리카 경제는 세계시장과 급속하게 통합된다. 주민들은 스스로 더 이상 외톨이가 아니라고 안도했다. 그러나 해상운임이 저렴해지고 육상의 운송비용도 하락하자, 유럽산 제조업 상품의 가격이 급락한다. 이에 비해 주민들의 토착 생산물 가격은 상승하게 되고, 결국 토착산업은 떼죽음을 당하게 된다.

재화가격 이중정책, 토지 획책 통제정책, 떼죽음 산업정책은 국가 간 경쟁구도에서 행해졌던 잔혹한 정책들이다. 그리고 이의 변종들이 지금도 종종 비즈니스와 국가 간 경쟁에서 은밀하게 활용되고 있다. 따라서 여기에 말려들지 않기 위해서는 시장지배 정책을 면밀하게 분석해봐야 한다.

정책별로 주요 특징을 살펴보면, 재화가격 이중정책은 가격에 의한 무차별적 영향력이 특징이다. 보스턴 차 사건처럼 한쪽에는 관세를 부과하고, 다른 쪽에서는 관세를 부과하지 않는다. 이로 인한 경쟁력 차이는 관세의 누적으로 나타나고, 이 금액도 결국 다시 승자에게 귀속되게 된다.

토지 획책 통제정책은 외형적으로는 물리적 공간의 제약을 통해서 이동성을 제한하는 것으로 보이지만, 실제의 영향력은 그보다 훨씬 크다. 만약 유동인구 밀집지역의 점유와 소유를 강압적으로 금지한다면 그 배제효과는 어마어마할 것이다. 미국 역시 '인디언 보호구역'을 지정하여 원주민을 일정 지역에 가두고 광대한 지역의 토지 소유와 거주를 강압적으로 금지시킨 바 있다.

떼죽음 산업정책은 효과와 영향력 측면에서 더욱 파괴적이다. 일련의 산업 연관성을 활용하여 조직적으로 산업의 연결고리를 차단시키거나 왜곡한다. 철저한 분석을 통해 뿌리째 뽑지 못하면 그 영향력은 장기간 지속된다. 그러므로 전략산업 혹은 전략업종을 선정할 때는 반드시 산업 연관성의 범위와 종속 정도를 정확하게 검토해야 한다.

위의 세 가지 정책에는 공통적으로 '내 것'만을 최우선시하는 이기적인 인간의 심리가 흐르고 있다. 제국주의 시절, 승자는 힘의 우위를 이용해 상대를 무자비하게 굴복시켰고 자신의 이익만을 취하는 데 골몰했다. 역사 속 제국주의 정책들은 그 잔혹성과 엄중성 측면에서도 지금까지 많은 시사점을 주고 있다.

세계 질서의 중심축 변화와 함정

회피보다 관리에 집중하라

근현대 역사에서 미국이 저지른 결정적 실수는 한두 가지가 아니다. 1969년, 베트남 전쟁의 패배와 더불어 닉슨 독트린이 선언된다. 미국은 한국전쟁 중에는 결정적 국면에서 중국의 개입을 전혀 예상치 못한 치명적 실수를 저질렀고 이로 인해 전쟁의 결말이 뒤집힌다. 또 2차 세계대전 당시 일본으로부터 진주만 공격을 받을 때의 상황은 그야말로 치욕에 가깝다.

물론 역사적으로 살펴보면 의사결정에는 언제나 오류가 있으며, 오류는 한도 관리를 통해 다스려야 한다는 것을 알 수 있다. 투자와 비즈니스에도 동일한 원칙이 적용된다.

미국의 대외균형전략(Offshore Balancing Strategy)의 핵심은 누적 관

리이다. 세계 질서의 불균형이 끝없이 전개되는 상황에서 결과에 대해 확신하는 것은 오히려 무지를 증명하는 것이나 다름없다. 결과보다 노출 관리가 핵심이다. 셰일오일이 개발된 배경, 미국의 치명적 오판 사례, 태평양전쟁의 결정적 장면을 통해서 의사결정의 누적 관리가 얼마나 중요한지 체감해보자.

셰일오일의 등장

텍사스에 거주하는 조지 미첼(George P. Mitchell, 1919~2013)은 국제유가가 급등하는 중에 새로운 기회를 엿보았다. 그는 수압파쇄 기법(hydraulic fracturing)을 통해 지층을 파쇄하면 또 다른 석유인 셰일오일을 채굴할 수 있을 것이라고 판단했다.

"이 기술만 성공하면 분명 끝장을 낼 수 있을 거야!"

하지만 셰일오일 채굴 기술은 개발하기가 쉽지 않았다. 전통적인 석유는 말 그대로 채굴한다. 석유를 품고 있는 암석층 유전을 수직으로 시추해서 강압적으로 빨아들이는 것이다. 그러나 셰일오일은 다르다. 지하 2~4㎞에 퇴적된 셰일층에 흩어져 있는 오일을 물과 함께 채굴한다. 따라서 채굴 비용에도 물 관련 비용이 많이 포함된다. 이로 인해 2000년대 이전까지 셰일오일의 기술개발은 전혀 관심을 끌지 못했다. 하지만 국제유가가 급등하면서 상황이 바뀌었다.

사람은 때로 칼을 꺼낼 것이라는 예상에서 오는 공포에 나가떨어지기도 한다. 1973년, 석유 생산을 매달 5%씩 감축하겠다는 사우디아라비아의 위협에 온 세계는 벌벌 떨었다. 대체상품이 없는 상황에서 사우디아라비아의 감산경고는 곧 칼을 꺼낼 것이라는 예고적 통보였다. 사우디아라비아를 비롯한 산유국은 유가를 5년 내 배럴당 60달러로 올리려는 계획으로 전환했고, 이것이 셰일오일의 기술개발을 촉진시키는 결정적 전환점이 되었다.

1982년 세계에 불어닥친 불황으로 석유 수요가 급감했는데, 비OPEC의 생산량이 OPEC의 생산량을 추월하면서 공급량의 조정은 어림없는 일이 되었다. 이에 국제유가가 급락했고, 셰일오일 관련 기술개발도 제자리에 멈춰 섰다. 미첼의 친아들인 지질학자 토드 미첼(Todd Mitchell)도 아버지의 기술개발을 적극 말렸다. 이들에게는 1980~1990년 사이의 지독한 저유가 상황이 악몽이나 다름없었다. 수압파쇄 기법은 성공을 장담할 수 없었고 실패를 거듭했지만, 이들은 결국 기술개발에 성공하게 된다.

1998년, 물의 혼합물을 고압으로 분사시켜 셰일층에 균열을 만드는 수압파쇄 기법은 결국 셰일오일 채굴의 결정적 계기를 마련했다. 2005년 이후에는 수평굴착 기법과 수압파쇄 기술이 결합하여 실용성이 더욱 높아졌다. 미국을 중심으로 셰일오일 생산량이 급격히 늘어나면서, 장기간 이어져온 중동의 석유 독점은 드디어 막을 내렸다.

예전에는 국제유가가 급등하더라도 속수무책이었다. 하지만 지금은 국제유가가 올라가면 셰일오일이 증산체제로 바뀐다. 가격 폭등이 대체기술을 발달시킨 것이다.

셰일오일이 등장한 석유시장은 예전과는 많이 다르다. 셰일오일 생산의 경우 인프라 비용이 저렴하다는 점이 특징이다. 자본의 회수기간도 짧아서 투자자 입장에서는 분명 유리하다. 반면 막대한 생산비는 단점이다. 수압파쇄에 사용되는 많은 물과 관련 정화비용이 커다란 걸림돌이다. 거꾸로 보면 향후 셰일오일 산업의 잠재성을 알 수 있다. 기술의 진보로 생산비가 대폭 삭감된다면 또 하나의 획기적 성과를 가져올 수 있기 때문이다.

셰일오일은 장비 운용을 효율화하고 작업환경만 개선되더라도 영업이익률이 상당폭 개선될 것이다. 현재 미국에서 셰일오일 개발에 참여하고 있는 기업은 200개를 넘어섰다. 미국을 넘어 중국, 유럽, 중남미로 기술이 확산되고 있으며, 이는 연쇄적으로 파급효과를 낼 것이다.

석유와 셰일오일은 시장 영향력 측면에서도 확연히 다르다. 석유는 생산 증대를 결정할 경우 대응시간이 길어서 시장이 종종 불안감에 휩싸인다. 반면 셰일오일은 생산량을 늘리려고 마음먹으면 바로 증산이 가능하다. 생산량의 탄력적 조정은 국제유가의 변동성을 줄일 것이고, 변동폭도 단기적으로 60달러 선을 넘지 않을 것으로 보인다.

미국의 전략과 치명적 오판

석유 고갈에 대한 공포감이 셰일오일 시추 기술을 개발하게 했지만, 달러를 기축통화로 만든 것은 중동의 석유이다. 미국 외교정책의 배경을 파악하면 미래에 변화할 정책의 결정적 실마리를 얻을 수 있다.

미국 대외 균형전략의 치명적 단점은 무엇인가? 그리고 미국이 저지른 결정적 실수는 무엇인가? 베트남 전쟁의 패배, 한국전쟁에서 중국의 개입은 의외의 돌출변수였다. 당시 북한이 망할지 모른다는 공포는 중국에게 매우 위협적이었다. 어떻게 사태를 관망만 하겠는가? 하지만 미국은 이런 상황을 전혀 읽지 못했고, 결정적 국면에서 치명적 실수를 저질렀다.

그렇다면 미래를 예측할 수 없는 상황에서 전략의 기반은 무엇일까?

세계 질서에 대한 미국의 개입은 때로는 잠재적 위험을 더욱 키웠고, 미국의 치명적 약점은 여기에서 출발한다. 1941년 7월 말, 태평양 전쟁에서 일본은 인도차이나 남부를 공격하여 대부분 점령한다. 당황한 미국은 자국 내 일본 자산을 동결하고 석유 수출 금지라는 조치를 단행한다. 이처럼 석유는 역사의 결정적 국면에 등장하는 최고의 압박 수단이었다.

이 조치가 즉각적으로 충돌을 유발하지는 않았다. 미국의 조치는 영국, 프랑스, 네덜란드의 군사적 행동을 회피시키면서 일본에 대항하여 쓸 수 있는 실질적인 마지막 카드였기 때문이다. 일본의 석유 비축량은 당시 약 1, 2년분에 불과했다. 시간이 경과함에 따라 석유 비축고도 결국 바닥을 드러낼 것이다. 미국과 인도차이나에서 석유 공급이 중단된다면 일본의 미래는 뻔했다.

그러나 믿을 수 없는 사건이 벌어진다. 결정적인 순간에 일본 수뇌

부에서 벌어진 일을 보자. 1941년 9월 5일과 6일, 이틀간 최고지도자 회의에서 해군 참모총장은 석유를 포함한 중요한 군사물자가 하루하루 크게 줄어들고 있다고 보고한다. 이에 일왕 히로히토는 미국과 일본 간에 전쟁이 벌어진다면 얼마나 지속될 것인지 묻는다. 그러나 돌아오는 대답은 침묵이었다.

미국의 석유 수출 금지 조치가 주는 긴장감은 그야말로 충격 그 자체였다. 일본은 두 갈래의 갈림길에 섰다. 하나는 항복이고, 다른 하나는 속임수다. 국가의 의사결정이 최고의 합리성을 갖추었다고 믿지 말라. 세계에는 믿을 수 없는 몇몇 의사결정 시스템이 있다. 11월 25일, 미국 국무장관은 무역 재개 조건을 말한다.

"일본이 인도차이나와 중국에서 군사력을 철수시킨다면 무역을 재개할 용의가 있소."

그런데 일본은 이 제안을 거꾸로 받아들인다. 화해의 표시를 최후통첩으로 해석한 것이다.

편향의 함정과 태평양전쟁

일본은 무역 재개를 위해 철군 관련 교섭을 하면서, 한편으로는 파병 숫자를 몰래 늘린다. 일본의 역사는 이처럼 겉과 속이 다른 '이중성'을 염두에 두고 보아야 한다. 루스벨트 대통령은 일본군 몇 개 부대가 상하이에서 동남아시아로 향하고 있다는 정보를 보고받고 크게 화를 낸 것으로 알려져 있다. 일본이 한편으로는 철군 협상을 하면서 한편으로는 공격 지역을 확대했기 때문이다.

속임수는 여기에 그치지 않았다. 12월 7일 오전 7시 55분, 일본군은 진주만 소재 미국 태평양 함대에 폭격을 가한다. 미국 정부 고위층은 일본의 공격을 예상했지만, 기록에 따르면 공격 목표가 동남아 지역일 거라고 장담했다. 그러나 이는 미국의 결정적 오판이었고, 진주만의 미국 태평양 함대는 처참하게 무너져내렸다. 미국 정부의 내부 자료에 의하면 진주만 기지가 위치한 오아후(Oahu) 섬은 세계 최고의 요새

1941년 12월 7일 일본은 미국의 진주만을 공격했다. 당시 미국의 해군 전함이 불타며 가라앉는 모습이다.

였는데도 말이다.

일본의 기습공격으로 미국은 전함 8척, 경순양함 3척, 구축함 3척, 보조함 4척을 격침당하고 비행기 수백 대가 파괴되었다. 미군 2,335명, 민간인 68명은 불길과 포탄에 휩싸였다. 미국인들은 일찍이 경험하지 못한 충격에 분노했고, 이제까지 2차 세계대전 참전을 보류했던 태도를 180도로 바꾸게 된다.

그렇다면 일본이 미국을 이렇게 자극한 이유는 무엇일까? 그때까지 미국은 전쟁에 적극적으로 개입하기보다 참전을 보류하면서 외곽을 지원하는 전략을 굳히고 있었다. 그러나 미국의 이러한 대외전략은 처참하게 붕괴되었다.

위의 기록에 따르면 일본의 미국 태평양 함대 공격의사는 긴급하게 내려진 결정으로 나온다. 일본의 의도는 미국 태평양 함대의 전투 능력을 일시적으로 상실시켜 절약된 시간만큼 협상시간을 벌고 동남아 침공을 마무리하겠다는 것이었다. 속셈을 더 들여다보면 동남아를 수중에 넣은 후, 수마트라와 보르네오에서 일본 본토에 이르는 유조선 항로를 확보하려는 꼼수가 숨겨져 있었다. 그러나 미국은 이를 전혀 읽어내지 못했다.

진주만 공격 후 주미 일본 대사는 미국 국무장관 코델 헐(Cordell Hull)을 방문하여 일본의 행동이 정당하다고 주장하는 장문의 문서를 들이밀었다고 한다. 어이가 없었던 미국 국무장관은 잠깐 읽는 척하다가 결국 화를 참지 못하고 호통을 쳤다.

"이렇게 악의와 왜곡이 가득한 문서는 처음이오. 지구상의 그 어떤 정부도 이런 정부는 없을 것이오."

일본과 수개월 동안 회담을 지속한 모든 노력이 물거품이 되었으니 미국으로선 참담할 수밖에 없었을 것이다. 이처럼 일본의 민낯을 알아내지 못한 것은 미국의 뼈아픈 실책이었다.

대외 균형전략과 의사결정 오류

미국의 대외 균형전략의 핵심은 무엇일까? 미국은 일본과의 전쟁, 베트남과의 전쟁, 이집트와 이스라엘 간의 전쟁을 겪은 후 스스로에게 질문을 던진다. 무엇을 위해 이렇게 싸워야 하는가?

세계 질서는 결코 순항하지 않는다. 바위를 만나면 돌아가야 하고, 태풍을 만나면 그 중심에 서야 한다. 그렇다면 2021년 현재, 세계 질서의 변곡점은 어디로 향해 가고 있는가?

세계를 이끄는 지도력은 어디서 나오는가. 분명한 것은 군사력과 경제력만으로 지도력이 생기는 것은 아니라는 점이다. 오만함과 비이성적 태도는 분명 약점이다. 트럼프 시대를 거론하지 않더라도, 미국은 종종 편향된 태도로 비난의 중심에 섰다. 중동 석유를 둘러싼 미국의 개입은 많은 부작용을 만들어냈고, 이에 따른 극단적 테러 행위는 심각한 수준이었다.

한편 중국의 부상은 놀랍다. 이제는 노골적으로 미국의 자리를 겨누고 있기도 하다. 그러나 전문가들은 중국을 일순간 무력화시킬 방아쇠

(Trigger)도 많다고 지적한다. 권위주의에 의한 전횡, 비민주적인 언론 탄압, 그리고 국민에 군림하는 정권이 약점으로 거론된다. 역사가 반드시 대가를 요구할 것이기 때문이다.

부의 흐름에서 세계 질서는 중요하다. 그리고 중동 중심의 세계 질서는 향후 동북아로 옮겨올 가능성이 높다. 새롭게 떠오르는 중심축은 미국과 중국의 치열한 1등 경쟁이다. 물론 미국은 패권을 쉽게 내주지 않을 것이며, 중국이 가지고 있는 내재적 취약점 때문에 의외로 쉽게 미국이 승리할 가능성도 있다. 중국은 이제까지 정교함보다는 힘으로 밀어붙였다.

의사결정은 심리에서 비롯된다. '나의 의사결정은 오류가 많아'라는 생각으로 방어본능이 작동되면 인간은 일순간 움츠러들게 된다. 또 방어본능은 보수성을 강화하고, 경우에 따라 거대한 장애물을 만들어내기도 한다. 그러나 중요한 점은 의사결정의 오류는 회피의 대상이 아니라 관리의 대상이라는 점이다. 투자와 비즈니스의 의사결정 방식에서 한도를 통한 누적 관리가 중요한 이유이다.

코로나 이후의 세계, 어떻게 볼 것인가

– 부의 시각으로 날개를 달자 –

1327년, 멀쩡하게 돌아가던 물레방아가 멈추어버린다. 흑사병(페스트)이 유럽을 휩쓸며 유럽 인구의 3분의 1을 죽음으로 내몰았기 때문이다. 수천 개의 마을이 일순간에 사라져간 충격적 상황은 18세기까지 이어졌다. 역사의 기록에 의하면 사망자의 비율이 40%에 달했으며 1600년이 되어서야 비로소 원래 인구로 회복되었다고 한다. 물레방아가 돌아가고 있다는 것은 '무사하다는 표시'였다.

서양의 중세사를 되돌아보면 농업혁명에 따라 곡물 생산량이 증가하면서 인구 밀집이 가속화되었다. 한편 기근과 흑사병이 몰려오자 정반대의 현상이 벌어졌다.

2020년 1월부터 전 세계에 코로나19 바이러스가 밀어닥쳤다. 코로나19는 기후변화와 도시 과밀이 초래한 질병이다. 중세에 물레방아가 멈추었듯, 전 세계도 멈추었다. 언론들은 '뉴노멀(New Normal) 시대'가 도래했다고 호들갑을 떤다. 어떻게 생각하는가?

앞으로의 상황은 치료제와 백신의 효과에 달려 있다. 14세기에는 과학과 기술이 발전하지 못했지만 21세기는 차원이 다르다. 치료제와 백신이 효과를 보인다면 코로나19의 위력은 잦아들 것이다. 하지만 치료제와 백신이 기대에 미치지 못한다면 무슨 일이 벌어질까?

또한 도시에의 과밀과 집중은 지금까지 상품의 생산과 소비, 문화의 향유에 다방면으로 유리했다. 그런데 코로나19로 인해 기준이 바뀌면 무슨 일이 벌어질까?

현대사회의 정보기술은 '디지털 사회'에 대한 자신감을 보여주고 인간은 더 진척된 디지털 사회를 향해 나아가고 있다. 하지만 인간은 마주 볼수록 공감과 신뢰가 증가하는 사회적 동물이기도 하다.

"인간의 뇌는 시야에서 멀어지면 적으로 인지한다."

망막에 자주 맺히는 피사체일수록 상호 공감이 증가한다. 공감과 연대는 육체적 만남과 접촉에서 생긴다. 2차 세계대전 이후 세계는 공존의 소중함을 더욱 절감해왔다. 비대면의 디지털 사회는 인간의 신뢰감을 무력화하고 불신을 촉진할 것이다. 공존보다는 경쟁과 우월의 논리로 상대방을 예단할 것이다.

코로나19 바이러스의 발원과 책임을 둘러싼 공방도 극단적으로 치달을 가능성이 높다.

"어떻게 하면 저놈의 발목을 잡을 수 있을까?"

세계 패권을 둘러싸고 이른바 신냉전 시대가 도래할 가능성도 있다. 그리고 정치인들은 이를 자극하고 극대화한다. 코로나19 사태를 둘러싼 반중 정서는 중국에게 커다란 장애물이다. 지금은 바이러스 극복에 온 세계가 정신이 없지만, 가닥이 잡히면 미국과 중국의 대결로 더욱 치달을 가능성이 농후하다.

내가 이 책을 쓴 목적은 그저 '돈의 추구'를 권면하는 데 있지 않다. '부의 시각으로 날개를 달자'는 생각에 집중했다. 또 어떤 시각이 좋을까, 어떻게 하면 재미있게 전달할 수 있을까를 고민하며 저술했다. 어떤 경우 거시적 시각의 장황한 얘기를 한 줄로 줄였고, 어떤 경우 미세한 이야기를 스토리로 엮었다. 어떤 경우에는 한마디 대화체가 상황을 포괄적으로 설명할 수 있었다. 다소 낯설 수도 있지만 나름의 재미로 다가갔기를 바라며, 사회의 흐름과 변동을 꿰뚫어보는 날카로운 시각으로 각자의 '대반전'을 맞이할 수 있기를 기원한다.

졸저를 읽어주신 독자들에게 깊은 감사를 드린다. 참고문헌의 훌륭한 저자들에게도 깊은 존경의 마음을 표한다.

참고문헌

게오르크 짐멜, 『돈의 철학』, 김덕영 옮김, 도서출판 길, 2013.

경제교육연구회, 『뜻으로 읽는 한국 경제사』, ㈜시그마프레스, 2009.

그레그 스타인메츠, 『자본가의 탄생』, 노승영 옮김, 부키, 2018.

김덕영, 『사회의 사회학』, 도서출판 길, 2016.

김화진, 『투자은행 이론 · 정책 · 전략』, 머니투데이더벨, 2015.

니콜로 마키아벨리, 『군주론』, 신동준 옮김, 인간사랑, 2014.

대니얼 예긴, 『황금의 샘 1, 2』, 김태유 외 옮김, 라의눈, 2017.

데이비드 랜즈, 『국가의 부와 빈곤』, 안진환 외 옮김, 한국경제신문, 2009.

레이몽 아롱, 『지식인의 아편』, 안병욱 옮김, 삼육출판사, 1986.

로버트 C. 앨런, 『세계경제사』, 이강국 옮김, 교유서가, 2017.

루이스 코저, 『사회사상사』, 신용하 외 옮김, 한길사, 2018.

마르틴 하이데거, 『존재와 시간』, 전양범 옮김, 동서문화사, 2016.

막스 베버, 『프로테스탄트 윤리와 자본주의 정신』, 박문재 옮김, 현대지성, 2018.

미야자키 마사카츠, 『흐름이 보이는 세계사 경제 공부』, 황선종 옮김, 어크로스, 2018.

미와 료이치, 『일본경제사』, 권혁기 옮김, 보고사, 2004.

박찬국, 『삶은 왜 짐이 되었는가』, 21세기북스, 2017,

버트런드 러셀, 『러셀 서양철학사』, 서상복 옮김, 을유문화사, 2019.
브렛 보든, 『문명과 전쟁』, 박배형 옮김, 서울대학교출판문화원, 2017.
뽈 망뚜, 『산업혁명사』, 정윤형 외 옮김, 창비, 1987.
서정익, 『일본근대경제사』, 혜안, 2003.
소스타인 베블런, 『유한계급론』, 박홍규 옮김, 문예출판사, 2019.
안광복, 『처음 읽는 서양철학사』, 어크로스, 2017.
알베르 소불, 『프랑스혁명사』, 최갑수 옮김, 교양인, 2018.
앤서니 기든스, 필립 W. 서튼, 『현대사회학』, 김미숙 외 옮김, 을유문화사, 2018.
앨버트 S. 린드먼, 『현대 유럽의 역사』, 장문석 옮김, 삼천리, 2017.
오무라 오지로, 『비정하고 매혹적인 쩐의 세계사』, 하연수 외 옮김, 21세기북스, 2016.
윌리엄 N. 괴츠만, 『금융의 역사』, 위대선 옮김, 지식의날개(방송대출판문화원), 2019.
윌리엄 번스타인, 『부의 탄생』, 김현구 옮김, 시아출판사, 2005.
이언 모리스, 『왜 서양이 지배하는가』, 최파일 옮김, 글항아리, 2013.
이영훈, 『한국경제사 1, 2』, 일조각, 2016.
임승휘, 『절대왕정의 탄생』, 살림, 2004.
장 자크 루소, 『사회계약론』, 권혁 옮김, 돋을새김, 2018.
장 자크 루소, 『인간불평등기원론 사회계약론』, 최현 옮김, 집문당, 2015.
장시원 외 2인, 『한국경제사』, 한국방송통신대학교출판문화원, 2016.
재레드 다이아몬드, 『대변동 : 위기, 선택, 변화』, 강주헌 옮김, 김영사, 2019.
재레드 다이아몬드, 『총 균 쇠』, 김진준 옮김, 문학사상사, 2013.
제임스 E. 매클렐란 3세 외 1인, 『과학과 기술로 본 세계사 강의』, 전대호 옮김,

모티브북, 2006.
채인택, 「로스차일드 국제금융제국의 건설자」, 『포브스코리아』 2016년 4월호, 포브스코리아.
최지웅, 『석유는 어떻게 세계를 지배하는가』, 부키, 2019.
카를로 M. 치폴라, 『스페인 은의 세계사』, 장문석 옮김, 미지북스, 2015.
토머스 모어, 『유토피아, 모두가 행복할 수 있다는 즐거운 상상』, 정순미 옮김, 풀빛, 2006.
토머스 S. 쿤, 『과학혁명의 구조』, 김명자 외 옮김, 까치, 2013.
폴 존슨, 『미국인의 역사』, 명병훈 옮김, 살림, 2016.
피터 왓슨, 『무신론자의 시대』, 정지인 옮김, 책과함께, 2016.
한국석유관리원, 『미국의 셰일오일과 국제석유시장』, K Petro Magazine, 2019년 1월.